APRENDIZ DE EQUILIBRISTA

Como ensinar os filhos a conciliar família e carreira

APRENDIZ DE EQUILIBRISTA

Como ensinar os filhos a conciliar família e carreira

generale

Cecília Russo Troiano

Diretor-presidente
Henrique José Branco Brazão Farinha

Publisher
Eduardo Viegas Meirelles Villela

Editora
Cláudia Elissa Rondelli Ramos

Apoio de texto
Margit Krause

Projeto gráfico e editoração
Jessica Siqueira/Know-how Editorial

Capa
Mariana Jorge

Ilustração da capa
Ivana Miranda

Imagens de miolo
Dreamstime.com

Imagens de partes
Getty Images

Preparação de textos
Mariana Zanini/Know-how Editorial

Revisão
Vânia Cavalcanti/Know-how Editorial

Impressão
RR Donnelley

Todos os direitos desta edição são reservados à Editora Évora.
Rua Sergipe, 401 – conj. 1310 – Consolação
São Paulo, SP – CEP 01243-906
Telefone: (11) 3717-1247
Site: http://www.editoraevora.com.br
E-mail: contato@editoraevora.com.br

Dados Internacionais para Catalogação na Publicação (CIP)

T764a

    Troiano, Cecília Russo.

       Aprendiz de equilibrista : Como ensinar os filhos a conciliar família e carreira / Cecília Russo Troiano. - São Paulo : Évora, 2011.
       146 p.

       ISBN 978-85-63993-15-1

       1. Pais e filhos. I. Título.

                              CDD- 306.8

José Carlos dos Santos Macedo   Bibliotecário CRB7 n.3575

Aos meus filhos, *Beatriz* e *Gabriel*,
meus amados aprendizes.

AGRADECIMENTOS

Mais difícil do que escrever este livro é relacionar todas as pessoas que foram importantes nesta trajetória. Agradeço especialmente, com carinho e gratidão, a algumas delas.

Às pessoas que através do meu blog ou nas palestras que fiz contribuíram com ideias e *insights* que geraram o tema deste livro.

Aos jovens que participaram da pesquisa, dividindo comigo suas histórias de vida. E um agradecimento especial aos profissionais que trouxeram ideias iluminadas para minhas reflexões: *Maria Beatriz Savoldi, Ana Paula Dini, Dra. Maria Irene Maluf, Dr. Claudio Len, Dra. Isabel Kahn, Rose Braxmann* e *Marina Muniz Nunes*.

À *Maggi Krause*, por nossas trocas de ideias, pela amizade e pela ajuda fundamental na construção do meu texto.

À *Henrique Farinha, Eduardo Villela* e equipe da Editora Évora, por apoiarem e acreditarem nas minhas ideias equilibristas. E, claro, à *José Salibi Neto*, que me apresentou a essa equipe maravilhosa, viabilizando assim este livro, além de ser quase um anjo da guarda da Beatriz.

À *Carol Menezes*, com seu talento de designer, por toda sua dedicação às imagens contidas neste livro.

À *Eugênio* e *Leila*, do Espaço Iguatemi, à *Solange*, da SAP, à *Rozi*, da Doxa, e à *Silvia*, da Elementos: como sempre, pude contar com a competência profissional de cada um de vocês para que a pesquisa deste livro acontecesse.

Ao *Ale*, pela disposição em dividir comigo sua visão de aprendiz de equilibrista.

Aos meus pais, *Anna* e *Rubens*, que, além de terem me ensinado o dom equilibrista, são também um porto seguro recheado de amor para meus filhos.

E, como sempre, sou abençoada pelo apoio incondicional de meu marido *Jaime*. Mais uma vez ele acreditou no meu sonho equilibrista, me deu força o tempo inteiro, me empurrou e esteve sempre ao meu lado. *Jaime*, sem palavras para lhe agradecer. Em troca, meu amor.

Por fim, acredito que a maior motivação para escrever este livro tenha vindo dos meus filhos, *Beatriz* e *Gabriel*, meus queridos e amados aprendizes de equilibrista. Estar ao lado de vocês foi a energia e inspiração de que eu precisava. Contem comigo, hoje e sempre, na vida de vocês. E à *Beatriz*, um agradecimento mais do que especial, por ter aceito escrever o prefácio, com a coragem e competência de sempre. Suas palavras são um indício de seu enorme potencial equilibrista e de sua sensibilidade. Para mim, trouxeram uma emoção deliciosa, além de me encherem de orgulho como mãe, e com certeza serão inspiradoras para os futuros equilibristas. *Bi*, muito obrigada, com todo meu coração e amor, "a cada respiradinha".

SUMÁRIO

PREFÁCIO

Dia após dia, eu a vejo saindo de casa para ir trabalhar e apenas a reencontro no final da tarde. O dia é longo, mas eu sei que ela pensa em mim e no meu irmão o suficiente para conseguir se concentrar no trabalho e voltar para casa o mais cedo possível. De manhã, ela sai pensando nos filhos que deixou em casa e, no final da tarde, no trabalho ainda a fazer. E é assim a nossa rotina diária...

Quando eu era menor, tudo parecia mais complicado e entediante sem ela em casa. Sem dúvida, ela fazia falta. A mesa do café-da-manhã parecia mais vazia, o leite com Toddy, menos docinho, e o caminho para a escola, mais chato. Por mais que a maioria dos dias fosse assim, ela conseguia de vez em quando dar uma escapadinha do trabalho e me pegar na escola. Mesmo que fosse pouco tempo ao seu lado, era o suficiente para o dia mudar e o entediante dar lugar à alegria e ao entusiasmo.

Demorou um tempo para que eu percebesse, de fato, a função do trabalho na vida das pessoas, ou melhor, dos meus pais. Acho que, no fundo, eu sabia mais ou menos por que as pessoas trabalhavam, mas achava que meus pais não estavam inclusos nesse grupo, podendo se dar ao luxo de passar o dia inteiro brincando com os filhos. E eu pensava "Quem dera...".

Hoje em dia, com 17 anos, percebo que o dia da minha mãe é recheado por diversos "pratinhos" que envolvem não só o seu trabalho, mas também assuntos de nossa família, como por exemplo o que preparar para o jantar. Parece que a cada dia surgem "pratinhos" novos que precisam ser equilibrados com atenção pela minha mãe para que ela não os deixe cair. Por mais que algum deles seja mais pesado que um outro, sua atenção deve estar voltada a todos eles constantemente. Aliás, acredito que esse seja o grande desafio de uma equilibrista (no caso, a minha mãe) e o que a faz ser notada pelos outros quando ela consegue fazê-lo. Ela *é* uma equilibrista. Das legítimas, certamente.

E nesse vai e vem dos dias, eu tento seguir os passos de minha mãe para que, no futuro, consiga equilibrar os meus "pratinhos". Afinal, ainda sou aprendiz de equilibrista e por muito mais tempo serei. Tem dias em que eu tenho que ser um pouco equilibrista, principalmente quando ela viaja. Eu e meu pai, Jaime, dividimos as tarefas e sentimos na pele como é o dia da minha mãe. Tenho que admitir que não é nada fácil. Fazer compras no supermercado, pegar o terno do meu pai na lavanderia, buscar meu irmão na escola, deixar dinheiro para a condução da nossa cozinheira e por aí vai. Haja pratinhos!

Aliás, durante alguns dias eu queria que minha mãe tivesse menos coisas para fazer para que sobrasse mais tempo para passar com a família. Mas eu aprendi que, por mais que ela não possa estar sempre ao meu lado, posso sempre pensar nela e ela em mim. Para expressar esse meu sentimento, que aliás acredito que possa ser igual aos de outros filhos equilibristas, escolhi um poema de Carlos Drummond de Andrade chamado "Ausência". Nele, o poeta coloca nos seus versos uma ideia com a qual compartilho: não podemos nunca confundir ausência com falta. É a pura verdade na minha relação com meus pais.

> *Por muito tempo achei que a ausência é falta.*
> *E lastimava, ignorante, a falta.*
> *Hoje não a lastimo.*
> *Não há falta na ausência.*
> *A ausência é um estar em mim.*
> *E sinto-a, branca, tão pegada, aconchegada nos meus braços,*
> *que rio e danço e invento exclamações alegres,*
> *porque a ausência, essa ausência assimilada,*
> *ninguém a rouba mais de mim.*

Com certeza, tendo meus pais como referência, estou bem mais preparada para meu futuro papel. Até lá, vou aproveitando cada lição e definindo, à minha maneira, como vai ser o meu estilo equilibrista. Espero que a leitura possa ser proveitosa para todos os pais e mães equilibristas e que sintam-se mais em paz com suas escolhas. E, mais do que tudo, acreditem que seus filhos, futuros equilibristas, construirão um caminho promissor, embalados pelo amor e carinho dos pais.

Beatriz Russo Troiano

INTRODUÇÃO

Ao escrever meu primeiro livro, *Vida de equilibrista: dores e delícias da mãe que trabalha*, em 2007, minha maior preocupação era oferecer um espaço de reflexão sobre os inúmeros dilemas que povoam a mente e o coração das mães que trabalham. Queria que o livro fosse uma roda de conversa entre amigas e conseguisse mostrar que as dores e as delícias são sentimentos presentes em todas nós, em maior ou em menor grau. Para algumas leitoras, tenho certeza de que foi um alívio saber que não estavam sozinhas nesse turbilhão de dúvidas que afloram da dupla jornada.

De lá para cá tenho ficado cada vez mais envolvida com o tema e ainda mais fascinada por ele. Em 2008, lancei um site em parceria com outra equilibrista e amiga, Margit Krause. Em 2009, ele se transformou em blog e ganhou o mesmo nome de meu primeiro livro (www.vidadeequilibrista.com.br). Tem sido muito gratificante para nós desenvolver o blog, pensar num assunto relevante para as equilibristas, entrevistar pessoas e organizar o conteúdo que levamos ao ar. Não faltam amigas e amigos para colaborar conosco nessa empreitada. Através do blog, diariamente, recebo (e leio!) muitos comentários de mulheres me contando suas histórias e angústias e até pedindo conselhos! Tento responder a todas e confesso que adoro essa interação com nosso "clube" das equilibristas.

O livro *Aprendiz de equilibrista* nasceu da inspiração vinda dos contatos travados a partir do meu primeiro livro, seja pelo blog ou em palestras que dei sobre o assunto. Nesses contatos, tão presente quanto os questionamentos sobre a administração de todos os pratinhos de nossas vidas era a dúvida relacionada ao impacto da rotina de equilibristas na vida de nossos filhos. Nunca foi tão difícil educar crianças como hoje, pois nós nos perdemos em meio a tantas teorias e tantas opiniões divergentes.

É fato que nossos filhos recebem mais informações e ficam menos doentes do que em gerações anteriores. Em certo sentido, as crianças do novo milênio nunca viveram tão bem. Elas têm casas mais bem equipadas, podem aproveitar as férias em locais diferentes e desfrutam do mundo mágico da tecnologia, que traz música, informação, diversão e uma habilidade impressionante para se comunicar com os amigos.

Ao mesmo tempo, nós, pais, nunca nos sentimos tão preocupados com eles como estamos hoje. Tememos a violência, a pressão do consumo, o estresse na escola e os desgastes emocionais. E, como se tudo isso não bastasse, ainda tememos o impacto da rotina das mães que saem para trabalhar e por isso dedicam menos tempo aos filhos.

Será que, se seu estivesse mais presente, meu filho seria menos agressivo? Será que minha filha é menos feliz do que sua amiga, cuja mãe não trabalha? Será que eu estou passando um modelo bacana de mulher ou estou refletindo a imagem de uma pessoa desesperada? Será, será, será...? Todas essas suposições giram em torno de uma questão crucial: **como a minha vida de equilibrista impacta a vida de meus filhos?**

Esse ponto central também pode ser desmembrado em duas áreas de inquietações, uma relacionada ao **presente**, e outra, ao **futuro** dos filhos. Traduzindo um pouco melhor, para as mães (e pais também, por que não?) interessa saber como os filhos absorvem, no dia a dia, a ausência da mãe (calma, não digo que somos ausentes: apenas nos ausentamos por conta do trabalho!). Essa é a dimensão do presente, qual impacto a vida de equilibrista tem na vida deles hoje. Tão importante quanto o presente é a dimensão do futuro, como eles projetam a vida adulta a partir da vivência atual. O título do livro estabelece essa conexão tanto com o presente quanto com o futuro: nossos filhos são aprendizes de equilibristas. Eles praticam o equilibrismo desde que nascem, nos modelos que passamos para eles, nas múltiplas atividades em que estão envolvidos e nos inúmeros canais de comunicação que estabelecem. Outro dia minha filha de 17 anos me ligou, no meio de um dia em que ela tinha muitas coisas a fazer, e me disse: "Mãe, consegui fazer tudo, fui muito aprendiz de equilibrista!". Ela é com certeza uma das representantes dessa nova geração que recebe os mais variados nomes: geração Y, geração Z (de *zapping*), geração videogame etc. Não importa o rótulo, mas provavelmente todos eles já nasceram com o *chip* do equilibrismo. Resta a nós, como pais, ajudá-los a desenvolver esse *chip* da forma mais saudável possível.

Diante disso, como uma mãe que trabalha e tem dois filhos adolescentes, resolvi aceitar o desafio de entender essas nossas inquietações e parti para mais uma missão investigativa-literária. Quem já me conhece sabe que pesquisa relacionada ao comportamento humano é parte de meu trabalho e foi por aí que iniciei minha imersão no tema. Já que a dúvida estava relacionada aos filhos, fui direto à fonte. Desenvolvi um projeto de pesquisa com crianças e jovens de 6 a 22 anos, com o objetivo de entender como eles se relacionavam com seus pais hoje e como estavam projetando o futuro a partir dessa vivência.

Não falei apenas com filhos de mães que trabalham fora. Fiz questão de também abordar filhos de mães que não têm uma atividade profissional fora de casa. Assim, poderia comparar os sentimentos desses dois subgrupos e avaliar o impacto de ter mães equilibristas.

Além de abordar crianças e jovens, entrevistei vários profissionais que se relacionam direta ou indiretamente ao tema. A ideia era conseguir, junto aos especialistas, mais elementos para compreender a reação dos filhos que hoje desfrutam de uma convivência menos frequente com a figura materna.

Talvez o dado mais surpreendente e que provocou um ajuste do rumo do projeto tenha sido a constatação de que é a saída do casal para trabalhar fora – e não apenas da mãe – que causa grandes mudanças nos filhos. Ou seja, para eles, o questionamento não está concentrado exclusivamente na ausência da mãe para trabalhar, mas na ausência do pai e da mãe. E, de fato, esse sentimento de crianças e jovens faz todo o sentido. Boa parte das garotas e dos garotos da geração pós-1990 já nasceu com os pais trabalhando fora. Não existe para eles outra realidade. Como consequência, os sentimentos vivenciados, sejam de saudades ou de compreensão, são dirigidos ao pai e à mãe. Por um lado, isso alivia a culpa da mãe; por outro, acarreta tensão e conflitos para o pai, que até então estava um pouco mais protegido dessas cobranças. Diante disso, sem perder meu foco nos filhos, ampliei a discussão para o pai e a mãe, entendendo como ambos são percebidos e qual o impacto desse fenômeno na vida dos filhos.

Mais uma vez eu me surpreendi muito com tudo o que vi, ouvi e vivi com essas crianças e jovens. Foi uma delícia ir montando junto com eles este quebra-cabeça da vida contemporânea. Cada fase, cada idade, cada sexo trazia um olhar diferente para o tema. E, a cada nova descoberta, eu ficava mais feliz de ter abraçado tal desafio!

Este livro combina as múltiplas fontes que acessei no desenrolar dessa trajetória e espero que ele seja muito inspirador para mães e pais que buscam sempre uma forma de ver seus filhos felizes por inteiro.

Desejo a todos os pais e a todas as mães, equilibristas ou não, uma excelente leitura – e, acima de tudo, uma vida maravilhosa para nossos filhos!

PARTE I

A EXPERIÊNCIA DO PRESENTE

CAPÍTULO 1

A VIVÊNCIA

EM PAZ COM A ROTINA EQUILIBRISTA

6h10 da manhã de segunda-feira: toca o despertador no apartamento de uma família de classe média alta paulistana. Cinco minutos depois, diante da segunda chamada, a mãe se encaminha para a cozinha, onde prepara os lanches, enquanto o pai se encarrega de ajudar a vestir as crianças de 7 e 5 anos, fiscaliza a escovação dos dentes, veste-se e sai para levá-los à escola. 7h: toca o telefone. Já na escola, o pai pergunta para a mãe quem irá buscá-los no final do período, à tarde. A mãe responde com paciência – é começo de ano, e a rotina ainda não foi memorizada pelos filhos, muito menos pelo pai – e admite para si mesma: por mais moderna que seja a família, a maior parte das informações ainda está concentrada nela. Para que tudo corra na mais perfeita ordem, em geral a família depende do que eu chamo de HD[1] materno. Ainda que ambos saiam para trabalhar – considere que 47% do mercado de trabalho brasileiro é composto por mulheres e 35% delas são chefes de família (dados SIS, do IBGE) –, a organização da casa e dos afazeres familiares continua sendo responsabilidade delas. Essa carga pesa, e muito, no dia a dia das equilibristas!

Assim como é natural recorrer à mãe para saber os horários e compromissos de todos, cada vez mais os filhos se ajustam à vida de equilibrista. Essa geração foi criada enquanto a mãe trabalhava, estudava, fazia MBA... Portanto, dividir a mãe com um irmão mais velho chamado trabalho – ou com a irmã, carreira –, hoje, é realidade na maior parte dos lares brasileiros. E isso se refletiu num bate-papo em um dos grupos de pesquisa que realizei, entre os quais, este com jovens de 15 a 17 anos:

— Hoje em dia é normal a mãe trabalhar.
— Seria estranho se a minha mãe não trabalhasse.

---

[1] HD – *hard disk*, que contém todas as informações do computador.

EQUILIBRISTA

— Seria estranho, mas eu acharia melhor ficar mais tempo com ela, ficaria mais apegado a ela.

— Eu queria chegar em casa e encontrar minha mãe fazendo meu almoço, sabe.

— Eu queria que ela ficasse em casa, mas já estou acostumada.

Nesses desabafos fica claro que trabalhar fora é o lugar-comum e que, embora sintam falta de atenção e mimo, os jovens sabem que não terão a mãe para si com exclusividade (muitas vezes, nem querem isso, principalmente na adolescência). "É uma fantasia dizer que os filhos desejariam uma mãe 100% disponível", aponta a psicóloga Isabel Kahn. "Winnicott[2], por exemplo, fala da mãe suficientemente boa. Por que ele não falou da mãe totalmente boa? Vale pensar. Se a criança tivesse alguém totalmente disponível para si, ela não se desenvolveria, não teria amigos, não cresceria... É chato a mãe ficar sempre no seu pé. Então, desde que a relação seja suficientemente boa, é isso o que conta. Sabendo que a mãe sai e que volta, sabendo que há essa garantia, como é bom a mãe sair!", arremata Isabel, ressaltando que a disponibilidade da mãe é muito importante, mas não o tempo todo.

Acredito muito que os filhos se adaptam bem à situação dos pais, e, nesse caso, mais especificamente falando, da mãe. Se ela trabalha fora desde que os filhos nasceram, o "normal" para eles é ter uma mãe que trabalha – assim eles vão construindo sua rotina a partir dessa realidade. Já para os filhos cujas mães não trabalham, a regra vale do mesmo jeito: eles se habituam a ter mais a mãe por perto e adaptam-se à nova situação. Vale mesmo a Teoria Evolucionista de Darwin a respeito da adaptação das espécies. Para ele,

---

[2] Donald Woods Winnicott (1896-1971) foi um pediatra e psicanalista inglês. Winnicott acreditava que a **mãe suficientemente boa** é aquela que possibilita ao bebê a ilusão de que o mundo é criado por ele, concedendo-lhe, assim, a experiência da onipotência primária, base do fazer criativo.

somente os seres mais preparados para enfrentar condições ambientais impostas poderiam sobreviver.

Pois é, vejo que isso ocorre muito com nossos filhos. Eles têm uma capacidade enorme de se adaptar às situações que são apresentadas no dia a dia, desde que as condições básicas de afeto e estabilidade estejam garantidas. Se pensar nos meus filhos, por exemplo, eles não me conhecem de outra forma a não ser como uma mulher equilibrista. Sou para eles a mãe da Beatriz e do Gabriel, a esposa, a profissional e a esportista. Eles tiveram de se adaptar a isso de alguma forma e gostar de mim com esse pacote fechado. Nunca tive a impressão de que eu era "menos" amada por ser uma mãe que trabalha fora. Sim, tive (e em alguns momentos ainda tenho) alguma dúvida sobre o quanto eu estava sendo uma boa mãe para eles.

É lindo quando as crianças pequenas começam a enxergar o universo à sua volta e percebem outras variáveis, diferentes da rotina estabelecida na própria casa. Com apenas 5 anos, a filha de uma jornalista que trabalha em período integral, ao ver a mãe de uma coleguinha em plena tarde assistindo-a durante a aula de natação, questionou: "O seu chefe deixa você faltar no trabalho para ver a Julinha na natação? Como assim?". Para ela, acostumada à mãe equilibrista, todas as mães trabalhavam fora!

Em outra ocasião, escutei uma professora de Ensino Fundamental comentando que as crianças de sua classe sabiam com precisão a agenda da família e negociavam a data de uma apresentação para os pais a partir disso. Uma aluna, ao ouvir em que dia da semana seria realizada a apresentação, não vacilou em contestar: "Não pode ser nesse dia porque minha mãe dá plantão no hospital!". Sendo uma professora de bom-senso, ela não só ouviu o pedido como adaptou a agenda escolar para garantir a presença da mãe da aluna. Ou seja, acredito que nossos filhos são muito mais espertos e adaptáveis do que muitas vezes imaginamos.

> "Meu tio me leva na escola porque os meus primos estudam lá também, a minha avó ou a minha tia me buscam. À tarde, eu ajudo a minha mãe, quando ela tá trabalhando fica uma mulher lá em casa que cuida de mim; às vezes ela deixa algumas coisas pra eu arrumar, daí arrumo pra não ficar difícil quando a minha mãe chegar. Ela chega e lava só a louça da janta. Ela é diretora de escola."
>
> Marta, 8 anos, mãe trabalha fora

No dia a dia das famílias, as soluções para suprir a falta da figura materna são as mais variadas. Enquanto a mãe está fora trabalhando, avós ou tios se responsabilizam pelas crianças mais novas (57% dos filhos de 6 a 8 anos ficam com os avós ou tios, assim como 35% daqueles entre 9 e 12 anos). Outra companhia constante são os irmãos mais velhos: dos 9 anos em diante, a supervisão ou apenas a companhia desses familiares é alta (29% para a faixa de 9 a 12 anos, 26% para a faixa de 13 a 17 e 36% para a de 18 a 22 anos). Isso mostra que a primeira opção é sempre deixar com alguém da família.

Seguindo essa linha de pensamento, quem deixa os filhos aos cuidados de empregada ou babá corresponde a uma em cada dez famílias. Apenas 4% das crianças de 6 a 8 anos ficam na escola em período integral. Acredito que essa porcentagem seja baixa porque esta última opção é considerada apenas quando os filhos são menores. Muitas escolas só oferecem período integral até certa idade, e, além disso, essa escolha é para privilegiados, pois custa bem mais caro do que contar com a ajuda de parentes.

Quando têm maturidade suficiente para serem independentes, muitos jovens por volta dos 12 anos ficam em casa completamente sozinhos. Em um dos grupos de pesquisa, com adolescentes de 13 e 14 anos, perguntei como eles viam o fato de ficar esse tempo todo sozinhos em casa.

— Acostuma, né?

— Quando meus pais ficam em casa, eles ficam me chamando toda hora, então, às vezes, isso me estressa.

— Eu prefiro ficar sozinho.

— Eu não gosto de ficar sozinho, não, eu sinto falta de conversar com alguém.

— Eu não fico muito tempo sozinha porque todo dia minhas amigas vão em casa.

— Eu prefiro ficar sozinho, porque se minha mãe tá em casa ela arruma várias coisas pra eu fazer.

— A maioria das vezes é melhor ficar sozinha porque você tem um tempo só pra você.

"Eu vou de perua pra escola. A minha mãe é secretária, e o meu pai vende carros. De manhã, a minha tia Marta fica comigo e, no resto da tarde, enquanto a minha mãe não chega, eu fico sozinha."
Amanda, 7 anos, mãe trabalha fora

A mídia e os especialistas vivem alardeando o quão nocivo é sobrecarregar as crianças com 1001 atividades extracurriculares e que elas devem ter tempo para brincar e curtir a infância. No entanto, se elas ficarem ociosas enquanto os pais estão no trabalho, o tédio tende a se instalar com facilidade. Lendo um levantamento feito pela Viacom – que ouviu famílias de classe AB em São Paulo e no Rio de Janeiro (600 entrevistas com pais e filhos/crianças de 4 a 14 anos) –, notei que 70% das crianças pesquisadas não faziam nenhuma atividade extracurricular. Mais do que isso, 68% das famílias não planejavam atividades em casa para os filhos enquanto os pais estavam trabalhando, ou seja, nos momentos em que estavam ausentes. E essa pesquisa foi além: dividiu as sensações de estar sozinho em casa em três momentos, com base nas respostas infantis. No primeiro, ficar sozinho pode ser muito bom: a criança se sente livre e acha-se a dona da casa. Aos poucos, porém, isso perde a graça e ela vai ficando cansada e entediada: é a segunda fase. As coisas fogem do controle no terceiro momento, em que se misturam sentimentos de ansiedade, vulnerabilidade e tristeza... podem aparecer o medo, a solidão, a angústia. É nessas horas que a internet, os programas de TV, as mensagens no celular e as redes sociais se tornam companheiros leais das crianças.

"Eu não gosto de ficar em casa com a empregada. Depois que eu faço a lição, minha mãe vai embora, daí eu fico lá sozinha sem fazer nada. Eu assisto televisão, às vezes eu estudo para prova, só que é muito chato não poder passar um tempo com a minha mãe", conta Isabella, de 11 anos. A garota faz aulas de inglês duas vezes por semana e joga vôlei em outras duas tardes. É um exemplo bem atual. Filhos de mães que trabalham fazem mais atividades do que os de mães exclusivamente donas de casa, mas considero essa diferença bem pequena. Parece que o acesso a atividades fora de casa tem mais a ver com a condição social – ou seja, filhos da classe AB têm mais aulas extracurriculares – do que com o fato de ter ou não a mãe por perto. Além disso, quanto mais velhos eles ficam, mais atividades fazem paralelamente à escola. Um dado que chama a atenção é a presença, em aulas de inglês, de filhos de mães que trabalham: parece que elas estão mais informadas sobre essa exigência do mercado. Por outro lado, atividades que podem "complicar o dia a dia" e são mais fora do comum, como música e tênis, são mais usuais entre filhos de mães que não trabalham fora. Isso é fácil de compreender: elas têm mais disponibilidade para levar os filhos a clubes, academias e conservatórios, que costumam oferecer atividades no meio da manhã ou da tarde, horários incompatíveis com a agenda da assalariada. Outro dado importante que obedece a essa mesma lógica da disponibilidade de tempo: mães que não trabalham contratam menos aulas de reforço ou apoio escolar. Não porque os filhos das profissionais sejam alunos piores ou porque a ausência da mãe prejudique o desempenho, nada disso! Simplesmente acho que a presença materna "cobre" o professor, e a mãe sente que é função dela ajudar seu filho a estudar. Já a mãe que passa o dia fora de casa, muitas vezes, não tem a energia para ainda acompanhar o filho nessas tarefas e acaba contratando um professor particular.

Gosto ou desgosto?

Perguntei aos meninos e meninas entrevistados o que eles pensavam da opção da mãe, independentemente de qual fosse — trabalhar fora ou não. Eles foram bastante diretos em suas respostas: se mostraram sem receios e sem censuras, a franqueza foi total. Embora as opiniões tenham sido diversas, foi possível estabelecer alguns padrões de respostas; separei subgrupos de jovens a partir disso. A psicóloga Isabel Kahn afirma que cada criança reage de um jeito e que é impossível definir um único sentimento. "Os sentimentos variam muito de filho para filho, pois nenhum é igual ao outro, e também de acordo com a idade. O filho pequeno se sente bem se a mãe o deixa com alguém em quem ela confia. Sabe que ela vai voltar, tem a rotina como conforto. O filho maior já interroga sobre aonde a mãe foi, se ela chegar tarde em casa. Mas todos têm seus momentos de saudades, em que querem a mãe ao lado", observa Isabel.

Nos resultados da pesquisa que conduzi, chamou a atenção o fato de as crianças se adaptarem àquilo que elas vivenciam. Dos filhos de quem trabalha, 2/3 aprovam a escolha materna e 1/3 deles é contrário à opção da mãe. Para quem é dona de casa, essa proporção se mantém: 2/3 aprovam e 1/3 reprova. Ou seja, quase na mesma intensidade, os filhos estão satisfeitos com a escolha da mãe, seja a de não trabalhar ou de trabalhar fora. Portanto, é mesmo uma questão de costume, de adaptação à situação, seja ela qual for. Também percebi que os que mais aprovam a opção das mães que trabalham são os mais velhos. Parece que, à medida que vão crescendo, a ideia de ter uma mãe profissional vai sendo assimilada, ao mesmo tempo que eles precisam menos da figura materna por perto no dia a dia.

É importante frisar que os dois grupos têm argumentos para justificar suas opiniões. Há o lado cor-de-rosa que acompanha ambas as opções, mas também existe um viés mais sombrio sobre cada uma delas. Isto é, não importa qual o caminho escolhido, alguma coisa vai "sobrar" para as equilibristas.

Para ajudar a entender melhor todas essas combinações, organizei uma matriz que relaciona as quatro variáveis possíveis: mãe que trabalha ou não e filho que gosta ou não dessa opção. E, para cada uma das associações, defini grupos de filhos de acordo com a visão que eles têm sobre a escolha da mãe.

Para entender um pouco melhor cada um desses subgrupos, vale a pena detalhar o que se passa pela cabeça e pelo coração de cada um.

	Mãe trabalha fora	Mãe não trabalha fora
Filho/a gosta	"Tudo por dinheiro" "Ela merece" "Nem pensar"	"Nada me faltará" "Companheiros"
Filho/a não gosta	"Ai, que saudade!"	"Larga do meu pé" "Grito de independência"

Combinação: Mãe trabalha e filho gosta

"Tudo por dinheiro"

Consigo identificar um primeiro perfil bem claro, o dos filhos **"Tudo por dinheiro"**! Muitos jovens apontam o maior benefício de ter uma mãe que trabalha fora: o dinheiro que ela traz para a casa, mais especificamente para eles. Esse recurso extra é visto de forma muito positiva por alguns garotos e garotas, pois permite conquistar presentinhos adicionais: aquela guitarra bacana (ele estava desesperado por ela!), uma boneca nova (de uma coleção que é o máximo!) ou passeios mais elaborados. Alguns pensam no dinheiro de uma forma menos egoísta e falam na

> **"Ela ganha mais dinheiro para comprar as coisas para mim. Ela me dá dinheiro quando recebe e paga minha escola, onde eu gosto de estudar."**
> Bruna, 9 anos, mãe trabalha fora

> **"Gosto que ela trabalhe porque aumenta a renda da família e sobra dinheiro para passeios e viagens."**
> Vanessa, 20 anos, mãe trabalha fora

ajuda que ele proporciona à família e na divisão das despesas. Eles sentem que é bom ela trabalhar fora para não sobrecarregar o pai, e reconhecem que isso até permite a eles ter acesso a uma educação melhor. Mas o olhar dos **"Tudo por dinheiro"** vai direto para o saldo bancário agregado. Posso dizer que esse perfil é formado tanto por meninas como por meninos, sem distinção, mas é mais presente entre as crianças e jovens de até os 15 anos.

"Ela merece"

Outro grupo, também de filhos de mães que trabalham e que gostam dessa opção, considera que **"ela merece"**. São garotos e garotas que acham que a mãe precisa dessa atividade fora de casa para se sentir bem, ser feliz, realizar-se e ser financeiramente independente do marido. São jovens que pensam menos em si e mais na mãe, e no que ela ganha num sentido mais amplo por ter essa atividade profissional. Os **"Ela merece"** tendem a ser mais velhos. Também parece ser mais comum as garotas compartilharem dessa visão. Será um sinal de que já estão treinando para um futuro de equilibrista?

"Nem pensar"

Há também o grupo dos filhos que aprovam a atividade profissional da mãe para garantir o próprio sossego. É o time do **"Nem pensar"**. Eles não podem nem imaginar ter a mãe

> **"É para o bem dela. Faz bem para ela, porque ela distrai a cabeça."**
> Renata, 19 anos,
> mãe trabalha fora

> **"Ela sempre trabalhou fora e acho que é porque ela gosta muito e fico feliz vendo ela fazer o que gosta."**
> Sophia, 11 anos,
> mãe trabalha fora

> "Para que não fique me rastreando, perguntando aonde eu vou e com quem eu vou e onde eu estou."
> Marcelo, 17 anos, mãe trabalha fora

> "Ela pega no meu pé. Não posso deixar as coisas fora do lugar que ela reclama o tempo todo. E quando ela não está fico mais tempo no computador, posso fazer bagunça e arrumo depois."
> Carolina, 11 anos, mãe trabalha fora

> "Eu só vejo a minha mãe praticamente no sábado e no domingo, porque ela trabalha demais, chega em casa depois das 10 da noite. Ela faz falta em casa, eu sinto falta dela."
> Juliana, 14 anos, mãe trabalha fora

> "Ela chega em casa tarde e tem menos tempo para brincar comigo, me ajudar na lição. Eu vejo ela muito pouco tempo."
> Ana Beatriz, 6 anos, mãe trabalha fora

por perto o tempo todo, controlando os seus passos. Como os filhos poderiam dar aquela escapadinha se ela está fazendo "blitz" o tempo todo? Não querem nem pensar nessa possibilidade. Ter a mãe longe de casa, para eles, pode ser até um alívio! Sem dúvida, esse segmento é mais comum entre adolescentes. São eles que querem mais espaço, menos "pegação" no pé e mais momentos de solidão.

Combinação: Mãe trabalha e filho não gosta

"Ai, que saudade!"

Nem todos os garotos e garotas que têm mães que trabalham fora concordam com essa situação. Alguns criticam mesmo. Durante a pesquisa percebi que esse perfil não aprova a escolha da mãe por uma só razão, o que leva a definir apenas um subgrupo: **"Ai, que saudade!"**. É composto por aqueles filhos que se queixam muito da falta que a mãe faz, que gostariam de tê-la por perto por mais tempo. Sentem falta da ajuda nas tarefas escolares, de assistir à TV junto ou de sair para comprar um picolé. Querem mais tempo com a mãe, estar pertinho, abraçá-la, sentar lado a lado. Claramente esse grupo tem crianças menores, de até 10 anos. Mas há alguns bem grandinhos que apresentam as mesmas carências e encaixam-se nesse perfil!

Combinação: Mãe não trabalha fora e filho gosta

"Nada me faltará"

Estes aprovam o fato de a mãe ficar em casa porque ela proporciona todo o conforto possível aos filhos. Os **"Nada me faltará"** têm comida gostosa e fresquinha todos os dias, no almoço e no jantar, aquela mãozinha na tarefa na hora em que eles precisam, a casa brilhando sem nada fora do lugar. A mãe em casa garante o perfeito funcionamento do lar – pelo menos é isso que eles dizem. Tal pensamento é mais comum entre meninos do que entre meninas. Fico um pouco assustada com isso. Será que eles pensam que essa "mamata" irá continuar depois que eles forem morar com suas companheiras?

"Companheiros"

Há também aqueles que adoram ter a mãe por perto para curtir momentos gostosos do dia a dia. Os **"Companheiros"** contam com a mãe para ver a aula de balé, para buscar na escola, para almoçar junto e até mesmo para socorrê-los dos ataques dos irmãos. A criança se sente protegida e pode depender da mãe para resolver seus problemas (às vezes, até mesmo alguns que ela deveria resolver na escola, sozinha ou com os colegas). As crianças menores, de até 10 anos, são típicas desse segmento.

> "Ela ajuda nos deveres de casa e sempre como na hora que quero, porque ela faz comida boa para eu comer na hora que quiser e minha casa é limpinha."
> Tiago, 17 anos, mãe não trabalha fora

> "Ela cuida melhor de mim, me leva para passear, dá mais amor, carinho, atenção. Brinca comigo, me ensina o dever e eu não me sinto só."
> Sarah, 7 anos, mãe não trabalha fora

> "Sinto saudades quando ela não está perto de mim. Ela faz lanche e comida gostosa."
> Alex, 9 anos, mãe não trabalha fora

> "Meus irmãos não me batem porque a minha mãe está em casa e me protege."
> Rodrigo, 7 anos, mãe não trabalha fora

> "Para eu ficar sossegado em casa. Porque às vezes quero levar a namorada para lá e minha mãe acaba atrapalhando."
>
> João, 17 anos, mãe não trabalha fora

> "Ela é muito chata, pega no meu pé. Se ela trabalhasse fora, eu ficaria à vontade para fazer o que eu quisesse."
>
> Patrícia, 10 anos, mãe não trabalha fora

> "Para minha mãe ter o próprio dinheiro dela. Ela trabalhando fica mais independente, sem depender do meu pai."
>
> Isadora, 10 anos, mãe não trabalha fora

> "Sinto que ela deixou de trabalhar somente para cuidar dos filhos e da casa. Ela não deixou porque quis. Ela gostaria de trabalhar."
>
> Manoela, 21 anos, mãe não trabalha fora

Combinação: Mãe não trabalha fora e filho não gosta

"Larga do meu pé"

Há, no entanto, os filhos de mães que não trabalham que estão loucos para mandá-la arrumar um emprego, montar um negócio ou vender cosméticos porta a porta. Curiosamente, esses garotos e garotas que odeiam ter a mãe por perto têm a mesma linha de pensamento do grupo **"Nem pensar"**. Ambos costumam se incomodar com a presença constante da mãe. Sentem-se controlados e sem liberdade para fazer o que desejam. Querem mais ar! Logicamente, os adolescentes são maioria neste grupo.

"Grito de independência"

E há também o grupo do **"Grito de independência"**, aquele formado por crianças e jovens que acham que a mãe é muito dependente do pai, que ela fez escolhas pensando na família e deixou seus desejos de lado. Acreditam que a mãe poderia ter uma vida mais completa se fosse profissionalmente ativa. Os filhos mais velhos tendem a considerá-la um pouco ociosa e acham que ter um trabalho daria mais colorido à sua vida.

Escrevo isso e penso nos meus filhos. Em quais desses tipos eles se encaixam? Como trabalho fora, as opções para eles são: **"Tudo por dinheiro"**, **"Nem pensar"** ou **"Ela merece"**.

Acho que talvez seja um pouco de cada coisa, dependendo da idade e do momento de vida deles. É mais sensato pensar que nossos filhos têm um tipo dominante. Um sentimento sempre aflora mais, no entanto, há outros recessivos, que aparecem de vez em quando, dependendo da fase em que se encontram. E outro alerta importante: nenhum desses perfis é bom ou ruim. Também não creio que haja uma escala de valores entre esses segmentos. Não é porque temos um filho "Tudo por dinheiro" ou "Larga do meu pé" que devemos ficar preocupados ou, ao contrário, orgulhosos. São apenas formas de lidar com a experiência da opção das mães.

Observar, conversar, dividir

Carta para minha mãe

> Sabe, mãe, não tenho muito do que reclamar, pois mesmo trabalhando bastante, sei que você se dobra e desdobra para fazer as coisas para me ver feliz sempre. Sinto sua falta em casa, mas sei que você não está lá para conseguir nos dar o melhor. E, apesar de algumas brigas, continuo te amando muito. Um beijo, Leo

Escrita por um adolescente de 15 anos, a carta acima – exercício que pedi em um dos grupos da pesquisa qualitativa – revela uma perspectiva muito realista sobre a rotina da família e um olhar que não consegue

Nem pense!

Claro que já tive mil crises e em muitas delas discutia comigo mesma se era melhor seguir trabalhando fora ou se, pelo menos por um tempo, era melhor largar dessa vida de equilibrista e ficar mais em casa com a família. Em algumas dessas vezes conversava sobre isso com meu marido e meus filhos. Achava que para eles – e, claro, para mim – essa poderia ser uma alternativa, mesmo que temporária.

Nesses momentos, a opinião de minha filha sempre foi somente uma: **"Nem pense em ficar em casa. Você seria a pessoa mais infeliz e chata do mundo!"**. A afirmação dela não poderia ser mais direta e clara.

Se estiverem com a vida organizada e correndo num ritmo de normalidade, nossos filhos – com mais ou menos queixas em relação à nossa ausência – agradecem por trabalharmos fora. Seja porque eles são (ou julgam ser) menos controlados minuto a minuto pelas mães, seja porque eles sabem dos benefícios para a família de tê-la como provedora financeira.

Sempre que volto a pensar nesse dilema "trabalho x não trabalho", lembro-me das sábias palavras de minha filha Beatriz: "Nem pense!".

mais ignorar a porção equilibrista da mãe. Também mostra maturidade para lidar com essa mãe que trabalha, coisa que não acontece na tenra idade. Ouvi mães dos pesquisados mais jovens (até 12 anos) para saber se suas observações condiziam com a opinião dos filhos... e é claro que, na maioria das vezes, o quebra-cabeça se encaixava com perfeição!

"Acho que o André não aceita muito o fato de eu trabalhar e chegar em casa muito tarde. Às vezes eu o encontro em casa fingindo que está dormindo: é uma forma de protesto, para deixar claro que não gosta disso", observa Marta, mãe de um menino de 8 anos. "Acho que para a Camila trabalhar é importante, mas por ela deveria ser só na hora que ela está na escola", conta Júlia, mãe de uma menina de 10 anos. "Também sinto que a Helena queria que eu trabalhasse só no horário da escola. Isso é um pouco de egoísmo, querer que a gente esteja ali sempre na hora que ela quer", repara Sônia, mãe de Helena, 9 anos. Poucos minutos antes, Camila havia escrito a seguinte cartinha para a mãe: "Eu te adoro, mãe, eu gosto muito que você trabalhe para nos ajudar, mas seria muito bom ter você em casa". Nesta fase até os 12 anos, considero natural que a criança já entenda a realidade, embora ainda sonhe com a proteção e o mimo. Começa aí a perceber que tudo na vida tem um lado positivo e outro negativo. "Os filhos de mães que trabalham são mais autônomos, mas não necessariamente mais felizes. Especialmente os pequenos, pois são mais apegados e sonham com uma maior proximidade da mãe", observa Maria Beatriz Savoldi, professora de leituras do Colégio Santa Cruz, em São Paulo. Suas turmas são compostas principalmente por crianças de duas faixas etárias: a de 7 a 8 anos e a de 10 a 11 anos.

Para a psicóloga Isabel Kahn, é fundamental ter na agenda um espaço de disponibilidade para os filhos. "Se a mãe começa a ficar muito ausente, a criança acaba demonstrando isso de alguma forma", ressalta. "Alguns filhos pedem presença ou solicitam mais atenção em alguns períodos da vida – aí é hora de rever alguma coisa na rotina, renunciar à academia ou encurtar o horário de trabalho", aconselha Isabel. A terapeuta se preocupa também com um dos efeitos colaterais da vida moderna: por conta das novas tecnologias, seja o celular, as mensagens instantâneas ou as redes sociais, a mãe acha que está sempre ao alcance dos filhos, que eles estão sempre conectados. Mas o uso dessas ferramentas virtuais não substitui um relacionamento presencial. "Isso é uma pseudopresença, pois não existe corpo a corpo. É importante o filho saber qual é o tempo da mãe que ele realmente tem para si", comenta Isabel. Segundo ela, o filho precisa sentir que está sendo reconhecido na sua necessidade, o que lhe dá segurança. Em outras palavras, a mãe precisa entender o que ele quer, mesmo que não possa lhe dar tudo, mas vai estar mais próxima dele, vai estabelecer uma ligação verdadeira.

Assim como estamos por dentro e geralmente controlamos as atividades dos nossos filhos, também vale informá-los sobre a nossa rotina de trabalho. Não deixa de ser uma oportunidade de torná-los mais próximos de nós, de criar conexões significativas e até mesmo dar sentido para a nossa ausência. Na fase dos grupos qualitativos, percebi que muitas crianças não sabem sequer a profissão dos pais. Os dados coletados na pesquisa quantitativa revelam que as meninas sabem mais sobre a atividade profissional dos pais (talvez elas sejam mais curiosas e interessadas?). Mas, mesmo entre os jovens de 18 a 22 anos (de ambos os sexos), 14% desconhecem o que a mãe faz e 16% não sabem exatamente a profissão do pai. O mais interessante é notar que a maioria sabe explicar melhor que tipo de atividade a mãe exerce (neste grupo estão 70% dos filhos, enquanto apenas 58% explicam bem o que o pai faz). Será que é porque as mães falam mais com os filhos e entendem que é importante deixar claro porque estão trabalhando e qual sua atividade fora de casa? Seria uma forma de justificar a ausência?

De todo modo, vale para as mães e os pais que trabalham o exercício de explicar para a criança no que consiste o seu trabalho – numa linguagem acessível, obviamente. Isso pode ser feito desde cedo e ir ganhando detalhes conforme o filho cresce. Se a atividade envolve um produto, traga um para casa;

Sempre procurei explicar para os meus filhos como funcionava minha vida profissional. Como muitas crianças, Beatriz se divertia indo ao meu escritório, assistindo a palestras ou acompanhando discussões sobre produtos. Guardo em minha sala na empresa até hoje algumas anotações que ela fez assistindo a um grupo de pesquisas. Enquanto eu moderava, ela acompanhava atentamente as conversas das consumidoras por trás do espelho. Minha filha, que tinha 6 anos e era recém-alfabetizada, anotava o que ouvia de interessante:

"Grupo da Mamãe
1. falaram sobre marcas
2. iam trabalhando com as marcas Kibon, Omo e Forum tem que por figuras da revista de comum com essas marcas..."

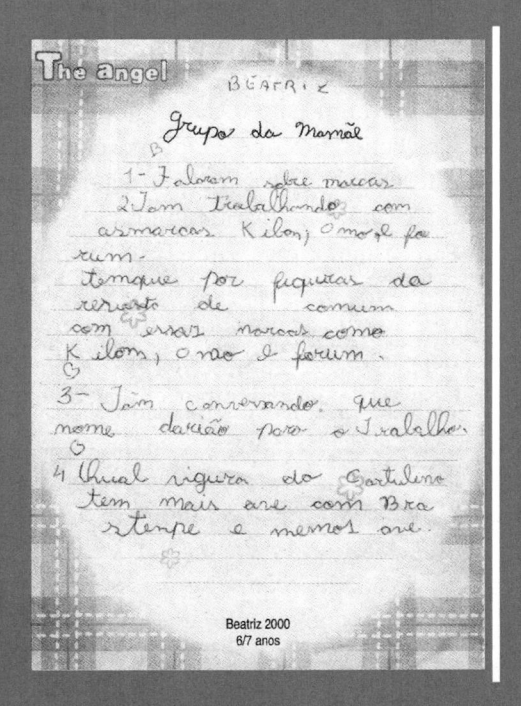

Beatriz 2000
6/7 anos

se for um serviço, mostre um exemplo na prática. Quando possível, levar a criança ao seu local de trabalho também ajuda a entender e a contextualizar a rotina adulta. "Percebo que os de 6 e 7 anos sabem para que time o pai torce, mas não têm noção do que os pais fazem no trabalho. Acho isso uma pena. Os pais deveriam sentar, contar, explicar, pois a criança tem curiosidade em relação a isso. Pouca gente fala que ser médico, por exemplo, é curar pessoas. Infelizmente, os pais tendem a falar para os filhos as chateações do trabalho", observa Maria Beatriz Savoldi, professora de leituras do Colégio Santa Cruz. Ela diz que, quando as mães levam os filhos para acompanhá-las ao trabalho, é como abrir uma porta e revelar um segredo: o encanto e o orgulho são perceptíveis.

Esse papel é uma prova de um dos primeiros envolvimentos da minha filha na minha vida de equilibrista. Fazê-la conhecer o meu lado profissional, mostrando a realidade e o lado prazeroso do trabalho, foi uma forma de torná-la ainda mais cúmplice e participante da minha rotina. Não me arrependo disso!

Contudo, mesmo os filhos sem saber ao certo o que os pais fazem, Maria Beatriz Savoldi diz que todos entendem a relação trabalho x dinheiro. "Eles sabem exatamente como funciona o mecanismo do consumo", revela a professora. Não à toa, diante de uma lista apresentada na pesquisa quantitativa com as motivações para o trabalho da mãe e do pai, as campeãs foram *para ganhar dinheiro, para dar uma vida melhor à família, para comprar coisas para os filhos* (nessa ordem, tanto para a mãe quanto para o pai). Disso se entende que a nossa vida como consumidores realmente dita as regras e que a motivação número um para o trabalho, na ótica dos nossos filhos, é mesmo o dinheiro e os benefícios que ele proporciona. E bastante curioso também é observar as diferenças entre as figuras paterna e materna. Para os jovens, a mãe trabalha mais que o pai para comprar coisas para os filhos e também para ajudá-lo. Parece que a mãe "ajuda" o pai financeiramente assim como ele a "ajuda" a tomar conta da administração da casa ou da agenda dos filhos. Entendo que esse auxílio é como um papel secundário: algo que se faz, mas não como uma obrigação direta. Ou seja, na visão dos filhos, o responsável por sustentar a casa ainda é o pai, e por cuidar da casa, a mãe.

Por que os pais trabalham?

1º lugar: ganhar dinheiro
2º lugar: dar uma vida melhor para a família
3º lugar: comprar coisas para os filhos
4º lugar: porque eles gostam

Em uma das entrevistas feitas para este livro, surpreendi-me com um pensamento muito lúcido, que tem relação estreita tanto com os argumentos de quem gosta/não gosta que a mãe trabalhe fora/não trabalhe fora quanto com as visões dos filhos sobre as motivações para o trabalho. Funciona quase como um conceito que sintetiza isso tudo. É a questão do valor *versus* o preço, explicada pela psicopedagoga Maria Irene Maluf. Segundo ela, é preciso ensinar que toda moeda tem dois lados, então existem, ao mesmo tempo, o preço e o valor de uma coisa. "Depende muito do momento em que estou: se eu quero um Playstation de último tipo e minha mãe está trabalhando e se esfalfando para consegui-lo para mim, uma beleza. Mas na hora que eu quero

Mãe via celular

É muito difícil imaginar o dia a dia sem celular. Eu diria que é quase impossível... E nossos filhos, então, já nasceram com esse objeto praticamente acoplado ao corpo. Dá para encarar a rotina de uma mãe que trabalha sem celular? Pânico geral! Você consegue se recordar de quantas vezes o celular já te confortou e permitiu que voltasse ao trabalho, sabendo que seus filhos estavam bem? Lembro-me de dezenas de situações como essa em minha vida. Ou nos dias em que os filhos adolescentes saem para a balada e ficamos à espera, ansiosas por uma ligação para nos tranquilizar e garantir que está tudo bem com eles. Se hoje nossa rotina de equilibrista já é tensa e complicada, com certeza ela seria ainda mais penosa sem esse objeto tecnológico que nos acompanha diariamente. Quando minha filha nasceu, há 16 anos, o celular estava engatinhando, e eu nem tinha um. Hoje, olhando para trás e vendo minhas amigas que são mães e trabalham, 100% conectadas com a casa via celular, não sei como sobrevivi sem esse aparelho. Creio que o celular é uma daquelas invenções que mudou nossa forma de relacionamento com o mundo e com as pessoas. Claro que há momentos em que queremos jogar o celular no chão e pisar bem forte, irritadas com as chamadas insistentes. Cinco minutos depois, lá estamos, novamente, superdependentes e esperando um toquezinho ou um sinal de mensagem.

Que delícia saber que os filhos chegaram bem ao acampamento! Que dá para ser mãe sem celular eu não tenho dúvida. Eu mesma e tantas outras gerações de mães se viraram muito bem sem ele. Mas que ele é uma ajuda e tanto na nossa vida de equilibrista, disso ninguém duvida. Um viva para a tecnologia! Esse é um lado da moeda. Mas há o lado perverso de acharmos que, por estarmos tão acessíveis via celular e também por vários outros meios eletrônicos, estamos perto dos nossos filhos. A diferença entre estar acessível remotamente e estar acessível pessoalmente de fato existe. Uma coisa não substitui a outra. Estar sempre ao alcance de um toque não significa estar conectado emocionalmente com eles. Não dá para ser uma mãe presente sendo apenas uma mãe via celular. Minha ressalva aqui é para estarmos atentas a essa sutil diferença e evitarmos trocar o contato real pelas facilidades da comunicação remota.

um cafuné, eu não sei se gosto tanto assim que ela trabalhe. Tudo na vida tem um custo", exemplifica Maria Irene. Dependendo do que falamos e explicamos aos nossos filhos, ficará mais evidente valor ou preço. "Há filhos que julgam que a mãe trabalha pelo preço da comida, da escola, da casa... e outros que falam da promoção da mãe e de como ela fica feliz exercendo a profissão; ou seja, entenderam o valor do trabalho dela, tanto para ela mesma quanto para os outros." Observando as respostas dos pesquisados, percebo que o mundo do consumo é fascinante para as crianças, que por isso ainda veem no dinheiro o benefício maior do trabalho. Aliás, recentemente conheci um sistema que existe nos Estados Unidos que é, ao mesmo tempo, muito interessante e um pouco perigoso para os pais. Chama-se "Bill my parents" (www.billmyparents.com), ou "Cobre meus pais", traduzido para o português. Trata-se de um sistema de cobrança, presente em alguns sites, em que a criança faz suas compras e escolhe a opção "Bill my parents". No caso, os pais já têm um cadastro prévio, com dados registrados de cartão de crédito, e o sistema automaticamente comunica a compra feita pelo filho e pede a concordância dos pais. Fácil e prático. É tudo o que as crianças querem!

À medida que vão ficando mais maduros, no entanto, os jovens já apontam mais a opção "trabalha porque gosta" para a mãe (e para o pai), provavelmente escolhida como segunda motivação, na maioria das vezes. Valorizar o que se faz, com certeza, dá ao trabalho uma conotação mais completa do que a simples necessidade econômica, ou seja, tira-se aquela imagem negativa de um mal necessário e planta-se a de uma atividade prazerosa, interessante, que permita colaborar com o coletivo e resulte, acima de tudo, em crescimento pessoal.

E agora, o que eu faço? Dicas de equilibrista I

Ideias e dicas práticas do que podemos fazer para ajudar nossos filhos e a nós mesmos

1 Não pensem que os filhos nos querem 100% ao lado deles. Essa é talvez uma fantasia ou um desejo nosso. No entanto, devemos garantir um mínimo de segurança e de rotina. Para filhos menores e até para os adolescentes, é importante a mãe manter uma programação, na medida do possível. Hora para sair e para chegar e dias regulares para levar o filho à escola, por exemplo, garantem uma previsibilidade importante para as crianças. Não é estar disponível o tempo todo, mas, sim, nas horas combinadas e acordadas entre a família.

2 Para aquelas que não trabalham e vão entrar no mercado ou também para quem estiver retomando depois de um período de afastamento, é importante fazer esse movimento de forma planejada. Ir contando aos poucos, colocando quais serão as vantagens e desvantagens dessa mudança. Se seu filho tem menos de 2 anos, obviamente será difícil ele compreender a situação, mas, a partir dessa idade, uma boa conversa pode ser muito tranquilizante para os dois lados. E mais do que isso: garantirá que a criança tenha chance – e você também – de expor seus medos e discuti-los.

3 Cada filho tem uma demanda própria. Aliás, quem tem mais de um filho sabe bem disso. Para uns, quinze minutos com a mãe ou com o pai já são suficientes para abastecê-los emocionalmente. Outros, mesmo após três horas de dedicação integral dos pais, ainda sentem que precisam de mais. Olhar para seu filho e ver qual é a necessidade dele é a melhor saída.

4 Uma boa receita, que me dá muito prazer e conforto (e espero que também seja assim para meus filhos), é dar uma escapada semanal do trabalho para almoçar calmamente com eles. Adoro esses momentos! Ser eventual até dá um sabor especial à ocasião e vale como forma de curtir os filhos nessa pausa. Conheço executivas que conseguem fazer isso diariamente e não abrem mão desses momentos. Tenho certeza de que todos saem ganhando.

5 Não se engane: estar disponível via celular não é o mesmo que ser uma mãe presente. Afeto e carinho ainda não são possíveis no mundo virtual, felizmente. Nada substitui o olho no olho, o pegar na mão ou um "boa-noite" ao vivo. Claro que celular, Skype, Facebook e outros canais virtuais são ferramentas muito úteis. Mas é assim que devem ser encarados, como apoios, e não como substitutos da presença dos pais.

6 Nada é mais difícil para os pais do que se desligar de todo o resto e estar com os filhos de forma integral. Vira e mexe somos interrompidos por telefones, BlackBerrys, mensagens etc. Não consigo tanto quanto gostaria, mas tento me desligar desses aparelhos e me concentrar na minha família quando estou com ela. É difícil, mas vale o esforço. Psicólogos são unânimes em afirmar que devemos estar inteiros no momento em que estamos com nossos filhos. Caso contrário, é uma pseudopresença.

CAPÍTULO 2

A VISÃO

FAMÍLIAS EQUILIBRISTAS

Se corremos para um lado, tentando dar conta de todas as obrigações e desafios do trabalho, e corremos para o outro, dedicando a atenção ao dia a dia dos filhos, da casa, do marido, muitas vezes nos sentimos perdidas e desequilibradas. Administrando uma agenda no mínimo atribulada, cumprindo tarefas em ritmo frenético, desdobrando-nos com esforço entre o pessoal e o profissional, com certeza deixamos transparecer para os filhos uma generosa porção da nossa angústia. Será que estou fazendo certo, será que nesta minha rotina – em que sempre equilibro uma dúzia de pratinhos – estou passando uma mensagem positiva? Se nós, como pais e mães, funcionamos como modelos (e somos responsáveis por grande parte do que acontece durante a infância e juventude desses indivíduos!), o que ficará na memória deles? Nenhum pai ou mãe atuante passa a vida sem a seguinte questão: que imagem nossos filhos têm de nós?

"Eu quero ser médica como a minha mamãe", idealiza a garotinha de 4 anos. "Minha mãe é melhor que a sua, ela faz bolo de chocolate", compete o menino de 5 anos. "Eu não gosto de você, papai, você não cumpre o que promete", alardeia a menina de 7 anos. "Quando o papai vai chegar para andarmos de skate?", pergunta o garoto de 9 anos. "Caramba, mãe, larga do meu pé e me deixa jogar videogame em paz", reclama o de 13 anos. São tantas as crianças e tantas as opiniões, mas com certeza esses discursos não vão lhe parecer de todo estranhos. Só dessa pequena amostra podemos concluir, em primeiro lugar, que a força da convivência é avassaladora, seja ela para o bem ou para o mal. Em segundo lugar: crianças julgam, e muito, os seus pais – mesmo que elas sejam pequenas –, ou seja, todas as nossas ações e palavras terão consequências. No final, o exemplo ou o modo de vida é o

DA MÃE

mais considerado e será a influência decisiva para a vida adulta (seja ele copiado ou refutado pelo jovem). Outra reflexão que consigo detectar de todas as vozes que ouvi na pesquisa: se há pai e mãe, e isso independe do fato de estarem ou não vivendo juntos, a imagem de um não aparece totalmente dissociada da do outro. É quase natural fazer comparações, correlações, divisão de tarefas e funções na relação familiar: afinal, o filho enxerga o casal, a parceria, esteja ela funcionando bem ou não. Abaixo uma frase típica exemplifica essa minha percepção.

Fica evidente também que, embora o filho esteja apenas falando da mãe dona de casa, existe uma retaguarda paterna que permite que essa seja a realidade da família. E quando comentam da folga do pai e dos momentos de lazer com ele, percebe-se a sombra da mulher que resolve todos os problemas – da escola ao médico – e zela pela casa, comida e roupa lavada para que os homens se permitam folgar. Ou seja, a maioria dos arranjos só funciona a dois. Não tenho dúvida de que a nova realidade equilibrista criou a necessidade de um pai mais atuante – já é possível identificar uma parcela de famílias com essa mudança bem consolidada. Segundo pesquisa da Viacom, que ouviu famílias de classe AB em São Paulo e no Rio de Janeiro (600 entrevistas com pais e filhos/crianças de 4 a 14 anos), 19% dos pesquisados formam as famílias com "pai atuante", que divide com a mãe as funções de cuidado com os filhos. "Fico muito mais tempo com meus filhos do que meu pai ficava comigo, mesmo assim me cobro", revelou um pai. Ele mantém a autoridade intacta, mas

> "Meu pai trabalha mais, só que quando está em casa, só assiste à TV.
> E minha mãe, assim que chega, vai cuidar da casa."
> Renato, 15 anos, mãe trabalha fora

mostra maior proximidade com os filhos do que nos outros dois modelos de família detectados na pesquisa: o da "mãe malabarista" e o dos "pais *brothers*".

A família da "mãe malabarista", obviamente, corresponde à da mãe equilibrista, tema do meu primeiro livro: ela acumula a função materna com as responsabilidades profissionais, além de administrar a casa e a vida dos filhos a distância. "Às vezes me sinto mãe solteira", desabafou uma mãe durante as entrevistas! Segundo a Viacom, famílias com mãe malabarista compõem 59% (!) da amostra pesquisada. Nestas, o pai é mais distante ou mais autoritário. Já nas famílias com "pais *brothers*", os pais se consideram amigos das crianças, o afeto e a falta de limites se confundem... pai e mãe fogem do modelo tradicional e buscam satisfação o tempo todo. Essa atitude nem sempre ecoa de forma positiva na vida dos filhos, que se sentem desamparados. "Eu sempre estive mais presente nesse papel de me divertir", confessou um pai. Considero estes pais os que mais sentem dificuldade em assumir a paternidade e desvencilhar-se dos prazeres da vida de solteiro e de casado sem filhos. Esse contingente, que é alto, é o que motiva a atual avalanche de artigos, estudos e livros sobre a imposição de limites aos filhos.

De certa forma, esses três tipos de família também aparecem na minha pesquisa, principalmente se considerarmos a imagem que os filhos escolheram para associar à vida dos pais e das mães. A mulher atual, que estuda muito e atualiza-se constantemente para crescer na carreira, talvez se sinta desvalorizada aos olhos dos filhos, afinal, a imagem que fazem dela – principalmente nas fotos (veja p. 33) – tem menos a ver com a percepção da mãe no mundo do trabalho e mais com o universo da casa e da família. Com certeza, porém, suas escolhas indicaram o equilibrismo e a eterna divisão entre os afazeres dentro e fora de casa.

Muitas cores no retrato da mãe

Com a agenda dividida entre escola e atividades extracurriculares, amigos, internet e televisão, resta pouco tempo para que os filhos reflitam sobre a própria vida. A não ser que a relação com os pais seja conflituosa e vire tema recorrente na terapia ou que as redações para a escola insistam no assunto (pelo menos no dia da mulher e no dia das mães), a convivência natural não abre tanto espaço para análises e *insights*. Por isso senti nos grupos, principalmente entre os jovens, que houve um momento muito bonito de valorização das mães – isso se revelou principalmente nas cartas que pedi que escrevessem ao final do bate-papo, como se fossem endereçadas a elas. Leia, a seguir, alguns exemplos.

O jeito dela

Falar de mãe é abusar de adjetivos, mas eles também estão mudando em razão do comportamento das últimas gerações, que avançam na carreira e nos postos de trabalho. Percebi isso de imediato quando vi que o adjetivo "trabalhadora" alcançou o topo das escolhas dos filhos de mães que trabalham. Foi o primeiro da lista. Entre os filhos das mulheres exclusivamente donas de casa, menos de um terço as apontou como trabalhadoras. Essa é uma amostra de que, mesmo com muitos afazeres dentro de casa, a função ainda é desvalorizada, até mesmo pelos nossos filhos!

Claro que os atributos clássicos da maternidade continuam campeões, como "amiga", "carinhosa" e "protetora". Vale ressaltar que os filhos de mães que não trabalham enxergam-nas mais como **protetoras**. Ou seja, por estar mais tempo fora, a profissional é vista como menos protetora pelos filhos, até porque eles consideram que ela tem menos tempo para isso. Mas o adjetivo **"amiga"** segue associado com a mesma intensidade pelos dois perfis de filhos. Outra curiosidade: a escolha da palavra "amiga" é mais frequente entre meninas do que entre meninos. Nesse sentido, existe mesmo uma identificação mais próxima das filhas com as mães, assim como os filhos se consideram mais amigos dos pais (veja no próximo capítulo). A mãe profissional é vista com mais frequência como inteligente, em

"Mãe, eu sei que no momento a situação está difícil, levando você a ter dois empregos. Porém, saiba que eu tenho total confiança de que seu próprio negócio dará certo, estarei ao seu lado para o que for preciso. E não importa o tempo no qual nos vemos, isso não diminuirá nossa amizade, tampouco nosso amor. Por mais que eu lhe diga sempre: obrigada por ser a mãe mais batalhadora, companheira e amiga! Eu te amo!"

Adriana, 15 anos, mãe trabalha fora

O retrato das mães (características em ordem decrescente de importância)

Se a Mãe trabalha, ela é...	Se a Mãe não trabalha, ela é...
trabalhadora	amiga
amiga	carinhosa
carinhosa	protetora
amorosa	amorosa
inteligente	dedicada
protetora	inteligente
dedicada	alegre
alegre	trabalhadora

> "Mãe, eu gosto muito de você como você é, como você faz as coisas, gosto de tudo em você. Quando a gente conversa eu também adoro, porque a gente fala sobre muitas coisas. Por isso te amo."
> Victor, 9 anos, mãe não trabalha fora

> "Mãe, para mim você é tudo nesta vida, sem você eu não seria nada, sinto por você não estar tão presente no meu dia a dia, mas as poucas horas que está ao meu lado são suficientes para me deixar feliz. Você sempre estará no meu coração. Seja onde for, te amarei para sempre."
> Camila, 17 anos, mãe trabalha fora

comparação à escolha dos filhos de mães donas de casa nesse quesito.

Para ambos, entretanto, quase na mesma intensidade, a mãe é carinhosa. Ou seja, a mãe que trabalha pode até proteger menos os filhos, mas não deixa de ser carinhosa por estar fora de casa durante o dia. As crianças menores – de 6 a 8 anos – foram as que mais frequentemente descreveram a mãe como carinhosa. Vejo isso de forma natural, pois elas estão saindo da fase do colo e do aconchego, mas ainda deixam a mãe beijar e abraçar bastante, coisa que vai ficando mais rara à medida que a adolescência se aproxima. Os pequenos são os mais autênticos em suas visões: eles são quase um reflexo do que estão vendo ou sentindo. "Mamãe, você é uma nerd", disse o menino de 7 anos, filho de uma amiga – por ver a mãe durante horas e horas em frente ao computador de casa (onde ela trabalha como jornalista *freelance*). Quando foi questionado na escola sobre quais tarefas a mãe fazia nos cuidados com a casa, não conseguia achar quase nada – afinal, só a via trabalhando no laptop! Acabou colocando na lição que a mãe dava comida para o peixe! Isso acontece por ele simplesmente não ver a mãe cozinhando ou arrumando as roupas no seu armário... A mesma lógica funciona na minha casa. O dia em que meus filhos me viram na cozinha fazendo feijão, foram só risadas e muita desconfiança na hora de comer. Realmente acho que não os inspiro muito quando vou para a cozinha!

A pedagoga Ana Paula Dini, especialista em Educação Infantil, observa que essa visão tem muito a ver com o que transmitimos para eles. Se a mulher estiver bem resolvida em suas escolhas, o seu modo de ser e de se comportar vai prevalecer, seja no presente ou como referência no futuro. "Um dia, semana do dia das mães, discutíamos em sala de aula o que cada uma das mães fazia. Um dos meninos da classe, depois de ouvir os colegas falarem sobre a profissão de suas mães, gritou: 'Minha mãe não é nada! Ela não cuida de mim porque tem empregada'", a mãe em questão, tinha optado deixar sua carreira e cuidar do filho, relatou Ana. "Deu para perceber na hora que o tipo de referência materna que aquele menino tinha era incompatível com aquela que a mãe almejava. Aquilo me marcou bastante." Tudo é reflexo direto da vivência, como Ana relaciona: "Que tipo de esposa você vai querer que seu filho escolha, uma que tome conta dele ou uma que faça junto com ele? Se preferir a que faça junto, esse é o modelo que você tem de viver".

Mas o que influencia a forma que o filho vê sua mãe? Fiz essa pergunta à psicopedagoga Maria Irene Maluf, e ela foi categórica: a imagem que a criança vai formar depende das relações da mulher com o trabalho, do que a leva ao trabalho e também do grau de sua determinação (se ela sonha em ser presidente da empresa, por exemplo). "Tudo influi: se ela trabalha fora por subsistência, que hoje é o mais comum; se o marido está desempregado ou se ela não tem marido; se trabalha por alguma ambição – seja pessoal ou de transformar o mundo; se ela consegue trabalhar por prazer, pois tem um marido que também provê. Dependendo da situação, o entendimento do filho vai ser outro", comenta Maria Irene. Até mesmo a forma de a mãe se expressar em relação à atividade profissional influencia o relacionamento com a criança. "Se a mãe fala 'eu trabalho feito uma louca para você ter tudo isso', isso vai gerar outro tipo de cobrança. Ao mesmo tempo que, se essa mãe for solteira e batalhadora, isso leva a uma admiração por parte do filho." Segundo a psicopedagoga, aquelas que trabalham por opção, e não por necessidade, devem ser minoria, e são estas que conseguem equilibrar melhor os próprios desejos com os de sua família. Maria Irene ressalta que socialmente a mulher ainda "deve" obrigação à família. "Ela precisa, por exemplo, explicar que vai viajar a trabalho, enquanto o homem simplesmente coloca a carreira à frente, arruma a mala e vai...", conclui.

Abro um parêntese para explicar que, embora meu assunto de estudo tenha sempre enfocado a mãe que trabalha fora – nesta pesquisa, por exemplo, metade das crianças e jovens ouvidos tinha mães dona de casa, a título de comparação –, admiro e respeito as mães que optaram por ficar em casa ou deixar a carreira para cuidar dos filhos. Relembro a entrevista que fiz com o pediatra doutor Claudio Len. "Há estudos que comprovam que cuidar de crianças pequenas é um dos trabalhos mais desgastantes que existem. E cuidar bem cuidado é um grande trabalho", ressalta ele, que admira e compartilha a opção de sua esposa, que se dedicou integralmente aos três filhos. Ele credita a ela muito da tranquilidade que teve ao se lançar a fundo na carreira médica, pois podia contar em casa com uma retaguarda e uma rotina estabelecidas, apesar de também participar ativamente da educação e do dia a dia dos filhos. "Acho mais importante a base educacional e a estrutura familiar que a pessoa teve do que se a mãe trabalhava ou não. Seja qual for a opção da mãe, o que influencia é se existem ou não o equilíbrio e a estabilidade", opina o doutor Len.

> "Noto filhos que são fascinados pela mãe mesmo não a vendo muito. E valorizam cada segundo do contato."
> Maria Irene Maluf

Desenho feito por João, 9 anos, mãe trabalha fora: apesar de a mãe ter mil e uma atividades, João escolhe retratá-la através de seu lado dona de casa, passando roupa.

Perto dos olhos e do fogão

Uma imagem vale mais do que muitas palavras, por isso costumamos apresentar, em reuniões de pesquisa, fotos que retratem todos os perfis de pessoas. Elas servem como técnicas projetivas que buscam revelar aquilo que é mais difícil por meio da fala direta. Claro que escolhi vários estilos de mulher, em atividades diversas e em situações que pudessem ser relacionadas ou identificadas com a vida real. E lancei a simples tarefa: "escolha três fotos que mais combinem com sua mãe".

Por incrível que pareça, a foto mais escolhida para representar o dia a dia da mãe é a dela na cozinha! Claro, a associação é maior entre filhos de donas de casa, mas para ambos ela é a primeira. Isso demonstra bem que, apesar de a mãe trabalhar fora, cabe a ela essa função dentro de casa.

Essa mesma imagem é a oitava associada aos pais (veja próximo capítulo). Outro dado que chama a atenção é que essa foto é muito mais associada pelas meninas do que pelos meninos. Há duas hipóteses: as garotas são mais atentas e estão mais antenadas com o cotidiano da casa ou elas também se identificam com esse papel feminino. Vale notar que a figura também é mais associada pelos mais velhos, de 18 a 22 anos! Talvez as crianças mais novas já sejam filhas daquela geração de mães que não sabe mais nem cozinhar ou se interessa menos por cozinha, por passar mais tempo dedicada à carreira e aos estudos.

A foto que aparece em segundo lugar é a da mãe abastecendo a casa. Ela reflete essa mesma percepção: a de que a mulher continua sendo a grande

"Gosto que minha mãe fique em casa e tenha mais tempo com a gente para dar mais atenção, cuidar da casa. Comer sempre a comida que ela faz é uma delícia."
Marcos, 21 anos, mãe não trabalha fora

"No domingo ela faz um panelão que dá pra semana inteira. E a gente esquenta no micro-ondas durante a semana."
Fernanda, 13 anos, mãe trabalha fora

> "Acho que minha mãe trabalha mais do que meu pai, porque sempre que ela chega, lava roupa, faz comida, faz um monte de coisas. Fica meio maluca!"
> Gabriela, 9 anos, mãe trabalha fora

> "Ela ajuda meu pai a pagar as contas. Compra comida e nos permite ter uma vida melhor, passear e nos divertir."
> Guilherme, 13 anos, mãe trabalha fora

responsável por nutrir sua família. É quase uma representação da mãe na sua essência, um ser relacionado ao alimento, em vários sentidos. Preparar uma comida gostosa e preocupar-se com o cardápio da família não deixam de ser manifestações de afeto. Esta imagem recebe quase o mesmo número de indicações dos filhos de mães profissionais e dos filhos de donas de casa.

E mais uma foto da mulher trabalhando dentro de casa! Agora cuidando das roupas de todos. É a terceira imagem mais associada às mães, bem mais por quem tem mãe que não trabalha fora. Apenas como comparação: é a penúltima imagem associada aos pais (veja o próximo capítulo).

Veja a seguir a quarta imagem eleita na pesquisa. Ela explicita a relação da mãe com os filhos, em um momento de estar junto e brincar, sem ter uma obrigação da casa para cumprir.

> "Eu ligo para minha mãe só quando eu procuro uma camiseta minha e não encontro!"
> Eduardo, 13 anos, mãe trabalha fora

> "Ela quase não para porque o trabalho de casa parece que consome muito o tempo dela, mesmo assim, prefiro ela aqui em casa comigo."
> Bruno, 15 anos, mãe não trabalha fora

É ligeiramente mais associada pelas crianças com mães que trabalham. Ou seja, abrir brechas ou se permitir brincar não tem a ver com número de horas que passam com seus filhos.

A imagem abaixo discrimina bem a opinião abraçada por cada perfil: filhos de profissionais *versus* filhos de donas de casa. É bastante evidente que filhos de mães que trabalham quase nunca veem suas mães assim, sem fazer nada!

"Me sinto feliz quando minha mãe brinca comigo."

Daniela, 14 anos, mãe não trabalha fora

"Gosto que ela não trabalhe porque fica cuidando de mim e do meu irmão, ela é muito legal e brinca muito com a gente."

Alexandra, 8 anos, mãe não trabalha fora

"Ela tem mais tempo para descansar. Prefiro tê-la em casa por perto para me dar atenção. Se ela trabalhar fora, não vai sobrar tempo para mim."

Roberto, 15 anos, mãe não trabalha fora

"Ao trabalhar, minha mãe cresce como pessoa. Se relaciona com o público. E ganhar dinheiro faz a pessoa estar muito melhor porque ela é independente."
Josiane, 22 anos, mãe trabalha fora

Estas fotos aparecem na sequência, em lugares que representam claramente a mãe que trabalha. Por isso, são bem mais associadas aos filhos das equilibristas.

"Minha mãe sai 6h30 da manhã junto comigo e volta às 17h, liga o computador e trabalha mais um pouco e nos fins de semana ela fica em casa."
Henrique, 17 anos, mãe trabalha fora

De certa forma, quando propus na pesquisa que crianças e jovens escolhessem, em uma lista de dez itens, quais atividades mais combinavam com a mãe, estava apenas confirmando o que já tinha sido apontado nas fotos (veja o quadro ao lado).

As três atividades que mais combinam com a minha mãe	
Mãe trabalha	**Mãe não trabalha**
1º lugar: arrumar a casa	1º lugar: arrumar a casa
2º lugar: cuidar dos filhos	2º lugar: cuidar dos filhos
3º lugar: trabalhar fora	3º lugar: cozinhar

As duas atividades mais citadas são relacionadas ao mundo da casa e da família. Quer ela trabalhe fora ou não: arrumar a casa, cuidar dos filhos e cozinhar são as tarefas que mais combinam com a mãe, segundo as crianças e os jovens pesquisados. A escolha dessas atividades pelos filhos de mães que trabalham, porém, é sempre menos frequente em comparação aos filhos de donas de casa – ainda que tenham sido bastante apontadas. Previsivelmente, trabalhar fora recebe mais associações dos filhos de mães profissionais. Para eles, essa é a terceira atividade mais associada às mães, atrás de arrumar a casa e cuidar dos filhos. E, claro, mães que trabalham também pagam as contas com o dinheiro que recebem! É a quarta característica mais apontada para elas e uma das últimas identificadas com as donas de casa. Uma das vantagens apontadas na pergunta sobre se os filhos gostam ou não que a mãe trabalhe é justamente ajudar no orçamento doméstico e poder pagar contas. É bem interessante notar que não há nenhuma forma de lazer entre as dez primeiras atividades associadas às mães, exceto brincar com os filhos. Tenho tendência a achar que elas não encontram tempo para muito mais do que isso... Respondendo a essas questões, crianças e jovens acabam por mostrar, indiretamente, que percebem quais as prioridades maternas – afinal, a percepção deles é um reflexo do que as mães cumprem em sua rotina diária.

Considerando o *ranking* de todas essas imagens e atividades, confesso que, em um primeiro momento, fiquei decepcionada por ver o quanto ainda estamos longe de passar a imagem da profissional, da que luta pela carreira e batalha pela família trabalhando fora de casa. Analisando com calma, entretanto, percebi que o que os olhos veem está mais perto da realidade e da rotina das crianças e intensifica o fato natural de que é a mãe quem se responsabiliza pela família, pela casa e pelos filhos. As mulheres podem estar no trabalho durante grande parte do dia, mas não é lá que as crianças as veem. Cruzando esse dado com outras pesquisas, é evidente que o resultado corresponde muito bem à percepção que os filhos têm das mães. As entrevistas feitas pela Viacom no Rio e em São Paulo, por exemplo, identificaram que a mãe é responsável pela administração dos cuidados cotidianos, garantindo proximidade, bem-estar e proteção. Na visão dos filhos, ela organiza as tarefas do dia a dia e dá afeto. Isso já é um padrão há gerações. O que mudou, segundo a mesma pesquisa: com a saída para o mercado de trabalho, a mulher terceirizou as tarefas de cuidado com a casa e com a família, mas continua sendo a grande mentora deles, não abdicando de seu papel de gestora do lar e de mulher dedicada aos filhos. Em outras palavras, na maioria das vezes somos nós que planejamos cardápios e fazemos as compras básicas da casa, mesmo que isso hoje signifique fazer o supermercado pela internet! Essa visão dos filhos também combina com grandes mapeamentos na área do comportamento do consumidor. Considerando que as mulheres são responsáveis por mais de 70% do consumo mundial, mas não estão nada satisfeitas com algumas categorias de produtos e serviços, The Boston Consulting Group resolveu ouvir 12 mil mulheres em 22 países[3]. A percepção geral é típica das equilibristas – independentemente do país de origem, a mulher vive o drama de ser empurrada para o mercado de trabalho sem que disponha de estruturas que aliviem seu pesado fardo, ou seja, considera-se sobrecarregada e com responsabilidades múltiplas em relação à família. Na parte da pesquisa que aferiu o consumo das brasileiras, bingo: o primeiro item de gasto delas são produtos de alimentação (76%). Seria mesmo de esperar que elas estivessem retratadas justamente na cozinha e no supermercado!

E agora, o que eu faço? Dicas de equilibrista II

Ideias e dicas práticas do que podemos fazer para ajudar nossos filhos e a nós mesmos

1 Mãe também brinca! Pelo jeito, nossos filhos não acham isso. Abrir espaços para brincadeiras e jogos, para brincar de boneca ou jogar bola é fundamental! Acho que as mães ficam tão empenhadas em fazer tudo funcionar, que esquecem o quanto é bom brincar com os filhos: sem hora, sem regras do dia a dia, sem fazer mais nada ao mesmo tempo. Vale experimentar!

2 Pedir ajuda! Chamar o marido ou o companheiro para dividir as tarefas é um bom começo para aliviar a sobrecarga da mãe e também para promover um vínculo mais intenso entre pai e filho. Mas vale o alerta: precisamos aceitar o jeito dele de fazer as coisas e não apenas impor o nosso jeito

---

[3] Silverstein, Michael J.; Sayre, Kate. *Women want more* – how to capture your share of the world's largest, faster-growing market. New York: HarperBusiness, 2009. Os autores são sócios do The Boston Consulting Group, consultoria em gestão empresarial.

"certo" de fazer. Mesmo que a fralda não fique exatamente tão bem colocada quanto a que nós colocamos, vale usar a paciência para fazê-lo entrar no jogo. Mãe, pai e filhos saem ganhando!

3 Merecemos descanso! A vida não é uma gincana que nos leva de uma tarefa à outra, embora às vezes pareça. Nossos filhos estão cobertos de razão: estamos sempre desempenhando algum papel e sobra pouco (ou nenhum) tempo para relaxar, para não fazer nada. Acredito que momentos de parada são necessários para sermos bons pais. Ler no sofá (ou trancada no quarto se os pequenos não resistirem a vê-la disponível), sair para um passeio a pé ou tirar um cochilo no domingo à tarde. Certamente estaremos revigoradas após essa merecida pausa.

CAPÍTULO 3

A VISÃO

PAI COMPANHEIRO

Investigar também a imagem que os filhos formaram sobre o pai, e não apenas suas impressões sobre a mãe, foi proposital nesta minha pesquisa. O equilibrismo das mães com certeza já modificou e segue alterando os arranjos familiares – hoje bem mais desprendidos do tradicional par "pai provedor" e "mãe dona de casa", ícones de uma antiga geração. Segundo a pesquisa da Viacom, que ouviu famílias de classe AB em São Paulo e no Rio de Janeiro (600 entrevistas com pais e filhos/crianças de 4 a 14 anos), o comportamento dos pais está em plena mudança por dois motivos: eles querem ajudar as esposas, que estão sobrecarregadas, e estar realmente próximos dos filhos. Além disso, detectaram que mais recentemente surgiu o desejo ou a necessidade de mudar a maneira como cumprem esse papel de pai. Vejo importantes razões na raiz desse impulso transformador. As próprias mães, hoje também dedicadas ao trabalho, delegam funções ao pai que antes eram consideradas exclusivamente maternas, como alimentar, trocar fraldas, levar para passear, arrumar para a escola... Fora isso, é crescente o número de casais que tomam em conjunto escolhas sobre a educação dos filhos. O pai não é mais apenas quem paga a escola, mas quer acompanhar o desempenho escolar. A forma como ele acompanha – se vai ou não a reuniões pedagógicas, se é preocupado em olhar notas dos filhos e acompanhar as lições – depende muito ainda da disponibilidade de tempo do homem, mas a vontade, com certeza, cresceu. Afinal, se existe o desejo de se aproximar dos filhos, preocupar-se com sua vida escolar – que toma grande parte da rotina de crianças e jovens – é um caminho certeiro.

Pesa o fato de haver muitos casais separados, e neste caso também a tendência é dividir responsabilidades e cuidados. Conheço a história de um pai que se separou da mulher e "acordou" para a filha quando ela tinha três anos.

DO PAI

Ao se ver sozinho com a menina, percebeu que não a conhecia – antes, havia confiado todos os cuidados e decisões sobre a vida dela à esposa. Sofreu por um tempo e precisou esforçar-se muito mais para aprender os gostos da filha, sua rotina, sua personalidade, enfim: em poucos meses cursou na marra uma escola de convivência. Saiu da experiência maduro e renovado e, principalmente, como pai, papel que ele antes não assumia.

Segundo o educador e escritor Eugenio Mussak, mais importante do que dedicar muito tempo aos filhos é dar-lhes um convívio bom, intenso, belo. Em artigo para a revista *Vida Simples* (janeiro 2009), ele conta a história a seguir. Em uma escola infantil, a professora provocou seus aluninhos com a seguinte questão: "Quando é que você gosta mais de seu pai?". A maioria das crianças respondeu algo como "Quando ele me leva para passear". Um menino, entretanto, disse: "Gosto mais dele quando está inteiro ao meu lado". Esse garoto sabia o que estava dizendo. Estar inteiro ao seu lado significa, para a criança, que o pai não está, ao mesmo tempo, lendo o jornal, assistindo à televisão ou conversando com mais alguém. Nesses casos, ela passa a representar um mero papel de coadjuvante, ela sente que não tem importância e pode até ser um estorvo. Estar inteiro com a criança significa olhar nos olhos, escutar de verdade suas palavras, responder com cuidado às suas indagações. "Estar inteiro significa ser honesto, verdadeiro, coerente. É melhor ser um pai inteiro por uma hora do que um pai parcial por dez horas", conclui Eugenio.

O papel materno e paterno pode estar mudado em relação a gerações anteriores, mas diferenças sempre existirão, o que, de certa forma, é até saudável. Os próprios filhos sabem das variações entre os pais – seja de jeito, de atitude, de funções, de autoridade... "As crianças criam expectativas diferenciadas em relação a pai e mãe", nota Ana Paula Dini, especialista em Educação Infantil. "E, embora os pais tenham melhorado a sua participação, ou seja, hoje ajudem mais na criação dos filhos, as crianças ainda não esperam tanto deles, a cobrança em relação a eles é menor." Basta dar uma olhada na reunião de início de ano na escola e contabilizar: os pais são, quando muito, um quarto dos presentes. "Mas os homens parecem ser bem resolvidos em relação a isso, eles delegam bem", repara Ana Paula. As atividades de cada família às vezes impulsionam para um ou outro lado: uma professora de faculdade que trabalha todos os sábados pela manhã não consegue ir à reunião da escola dos filhos, marcada para o fim de semana – e o marido vai, claro! Já um pai que trabalha em outra cidade durante a semana prefere curtir os filhos no sábado, então a esposa, que já passa a semana toda cuidando dos pequenos, é quem vai à reunião.

O que funciona mal é forçar-se a brincar com os filhos depois de um dia atribulado e ao chegar cansado em casa. A educadora Tania Zagury ressalta que tornar esse momento com as crianças uma obrigação pode não ser saudável, já que força a uma coisa que não desejamos com sinceridade. Fora que o filho percebe a má vontade do adulto. "É bem melhor partilharmos meia hora feliz do que três longas horas de obrigação", resume ela, que ensina: "Estar junto, sim. Brincar com uma criança, só quando estiver com vontade". Horas preciosas de convivência podem acontecer nos momentos mais prosaicos do dia, como no percurso de carro até a escola. Se o pai souber ouvir e conversar, com certeza serão minutos bem aproveitados.

As crianças também não deixam passar comparações entre seu pai e o dos amigos, se já tiverem idade suficiente para isso. Um fotógrafo começou a buscar a filha na escola duas vezes por semana – como autônomo, ele gerencia seu tempo e tem mais liberdade de horários. Diante do fato novo e incomum, os amiguinhos começaram a questionar por que o pai a buscava na escola e por que os seus próprios pais não conseguiam uma brecha na agenda para buscá-los. Começou um rebuliço! Os pais da classe sentiram-se pressionados para buscar as crianças ao término das aulas e alguns até adaptaram a agenda para agradar aos filhos. Isso mostra duas coisas: que as crianças cobram cada vez mais a presença paterna em suas atividades corriqueiras e que os pais estão fazendo mais esforços para conviver com elas. É claro que os arranjos familiares e de ordem prática se fazem de acordo com a necessidade, e também em função de gostos e de como cada um escolhe passar o tempo junto dos filhos. Isso influencia imensamente na forma como eles percebem seus pais.

Durante a pesquisa quantitativa, foi colocado um conjunto de cartas com adjetivos em frente ao participante. Ele deveria pensar no pai e escolher quais características mais combinavam com ele. Veja como ficou o *ranking* para os pais:

O adjetivo **"trabalhador"** foi o mais escolhido de todos e bem mais associado ao pai do que à mãe. Além disso, o trabalho parece ser o que melhor define o ser pai... Bem, pelo menos é assim que os filhos o veem: sempre trabalhando! Essa percepção dos filhos ainda é bastante centrada nos modelos tradicionais de paternidade, com ênfase no provedor. Por essa razão, os pais casados com mulheres que trabalham são considerados menos trabalhadores do que aqueles que têm esposas donas de casa. Ou seja, a divisão do trabalho faz dele "menos" trabalhador. E, mais do que isso, a visão que nossos filhos têm do pai também sofre interferência pelo fato de a mãe trabalhar fora ou não. Os traços associados a cada um deles dependem desse arranjo do casal.

A pesquisa deixa claro que essa ideia vai ficando ainda mais forte com o passar dos anos, junto aos filhos adolescentes, em sintonia com o amadurecimento e conhecimento das "regras" culturais. Curiosamente, quase como um contraponto ao sujeito trabalhador e bravo, o segundo atributo mais associado aos pais é **"brincalhão"**. A mesma característica apareceu nos desenhos produzidos pelas crianças nos grupos qualitativos: retratavam o pai andando de bicicleta ou jogando e brincando com os filhos. Será que os pais têm mais tempo ou disposição mental para abrir um espaço de diversão com eles? As mães ficam mais nas múltiplas tarefas do que os pais. De certo modo, ser equilibrista parece até bloquear esse nosso traço mais descontraído com os filhos. E eles percebem isso!

Da mesma forma como as meninas escolheram o atributo "amiga" para as mães, os meninos elegeram "amigo" com mais frequência em relação ao pai. Isso mostra, mais uma vez, a forte identificação com o mesmo sexo e sugere maior proximidade entre pai e filho.

O retrato do pai (características em ordem decrescente de importância)

trabalhador
brincalhão
amigo
forte
bravo
inteligente
legal
engraçado
dedicado
exigente

Trabalhador e brincalhão: este menino conseguiu sintetizar, na mesma figura, os dois traços mais associados aos pais.

Esse lado amigo e brincalhão, largamente associado pelos filhos aos pais, comprova que existe uma nova maneira de exercer a paternidade. Ela não segue modelos estabelecidos, mas procura fazer diferente de gerações passadas, quando os pais eram distantes e autoritários. O novo pai é mais próximo dos filhos, tanto afetivamente quanto no dia a dia, e também busca não sobrecarregar a companheira. A psicóloga Lidia Aratangy, de São Paulo, destaca a aproximação paterna como grande novidade: "É uma mudança benéfica, que enriquece a vida da criança com jeitos diferentes de expressar afeto e cuidado". Ela pondera, no entanto, que a multiplicação desse pai atuante não depende apenas dos casais, também exige ajustes da própria sociedade[4]. Exemplos não faltam: o preconceito em relação aos pais que ficam em casa cuidando dos filhos, tolerância quando a mãe se atrasa no trabalho para levar um filho ao pediatra, mas falta de compreensão quando é o funcionário homem que se atrasa por conta da família. Aliás, lembro-me de uma piada muito boa relacionada a isso. Começa com a cena de uma reunião, com muitas pessoas à mesa. Entra uma secretária e entrega um bilhete a um homem. Ele lê, faz cara de preocupação e pede licença aos demais dizendo que precisa sair, pois recebeu uma ligação da escola avisando que o filho caiu e precisa ser levado ao hospital. O homem sai, e os que ficam na sala comentam: "Nossa, além de um excelente profissional, ele é um superpai". Agora, outra cena, também de reunião. Novamente uma secretária entra e dá um bilhete para uma das mulheres presentes. Ela lê o bilhete, faz cara de preocupação e pede licença aos demais dizendo que precisa sair, pois recebeu uma ligação da escola avisando que o filho caiu e precisa ser levado ao hospital. A mulher sai, e os que ficam na sala comentam: "Nossa, não dá mesmo para contratar mulher!". Por mais indignação que possa causar esse final, ele é um exemplo de como a sociedade ainda setoriza papéis masculinos e femininos.

Um dado que pode ser alentador para os filhos – nem tanto para as mães: pesquisas com famílias das camadas médias e populares da cidade de São Paulo afirmam que os homens se mostram mais abertos a colaborar em casa com tarefas relacionadas diretamente aos filhos. Continuam odiando lavar,

---

[4] Opinião expressa para a revista *Claudia*, em fevereiro de 2009, na matéria A nova dinâmica das famílias.

"No filme de meus filhos, não quero perder nem os *trailers*. A maternidade é inata, a paternidade é adquirida."
Fabrício Carpinejar, escritor e jornalista

passar, cozinhar, fazer compras ou coordenar a empregada. "Do ponto de vista masculino, o trabalho doméstico é invisível. Acostumados a chegar e encontrar tudo pronto, eles estão muito longe de assumir a casa na mesma proporção que as mulheres", analisa a cientista social Maria Coleta Oliveira, do Núcleo de Estudos de População da Universidade Estadual de Campinas (SP). Basta ver a diferença: mesmo com ambos trabalhando fora de casa, as mulheres dedicam 26 horas por semana aos afazeres domésticos; os homens, apenas dez[5].

Dividir as tarefas meio a meio ainda me parece coisa de um futuro distante e depende também de as mães de meninos começarem a investir desde cedo nesta mudança (isso eu já defendia no primeiro livro, *Vida de equilibrista*). Li recentemente uma entrevista com a terapeuta e escritora Lidia Aratangy que tem tudo a ver com essas observações. Ela fala com muita propriedade: "Fizemos um péssimo marketing do serviço doméstico, ao contrário dos homens, que sempre nos levaram a crer que o universo do trabalho era sofisticado e desafiador. Não é de estranhar que tenhamos lutado tanto para entrar no mundo até então deles, e que eles resistam tanto para entrar na vida doméstica. De fato, ambos mentiram: nem o mundo do trabalho é um suceder de desafios interessantes, nem cuidar da casa é necessariamente tedioso. Poucas alquimias se comparam à mágica transformação de um cruento pedaço de carne num sorriso de satisfação no rosto de pessoas amadas! Mas nem conquistamos nosso lugar no mundo do trabalho a partir do modelo masculino, nem eles encontrarão seu espaço no lar se não puderem errar e acertar do seu jeito masculino de ser"[6]. Muito provavelmente, nossos filhos foram afetados por este marketing malfeito. Aqui no Brasil ainda temos a escapatória de delegar os trabalhos de que não gostamos (como passar roupa) a empregadas, e podemos contratar babás para cuidar dos filhos quando não estamos ou para tirar uma folga... Nos EUA e na Europa essa terceirização é para poucos, então, os filhos são envolvidos nas tarefas da casa desde cedo. E meninos, acostumados a ajudar, vão se tornar mais presentes no gerenciamento do lar.

Dar permissão ao jeito masculino de fazer as coisas pode até tornar o dia a dia mais leve e quebrar paradigmas. Um caso engraçado aconteceu com uma amiga: o marido fez questão de instalar duas cubas bem fundas na pia da cozinha, assim que eles se mudaram para um apartamento maior. Como faz parte de um casal de profissionais com dois filhos pequenos e muitas coisas para cuidar, ele resolveu priorizar as tarefas no fim de semana.

[5] Dados: revista *Claudia*, dezembro de 2008, Uma nova ordem no lar.
[6] Suplemento feminino do jornal *O Estado de S. Paulo*, 14 a 20 de março de 2010.

Benefícios do "pai presente"

Segundo os autores do livro *A good childhood*[7], a proximidade do pai com os filhos promove o bem-estar psicológico da criança mais tarde. Quanto maior o envolvimento do pai com a criança, maiores serão as chances de ela desenvolver amizades duradouras, autoestima e empatia, além de apresentar um melhor rendimento na escola e tornar-se menos sujeita a se envolver com crime e abuso de drogas. Se, ao contrário, os filhos julgarem o pai ríspido e negligente ou tiverem conflitos com ele, tendem a se tornar destrutivos e agressivos. Filhos de quem pratica agressão física ou verbal acabam seguindo o mesmo exemplo. Do mesmo modo, adolescentes com uma figura paterna antissocial e usuária de drogas ou álcool têm mais chances de apresentar dificuldades de comportamento.

[7] Layard, Richard; Dunn, Judy. *A good childhood*. Penguin, 2009.

Contou-me que preferia organizar a louça e deixá-la empilhada (de molho no sabão, como ele mesmo me explicou!) no fundo das cubas e descer para a piscina com as crianças. Foi uma forma inteligente de deixar a louça escondida – portanto, não escutaria reclamações da mulher – e pronta para que a empregada cuidasse dela na segunda-feira. A ordem era: porque perder tempo com esse tipo de coisa se eu tenho outras mais importantes para fazer? Cabe aí a ótica masculina que faz sobressair essa vontade de curtir os filhos da maneira mais divertida possível no fim de semana, já que o tempo é muito curto nos dias úteis. Esses momentos, com certeza, ficam marcados na visão dos filhos, como mostram as escolhas que eles fizeram diante de um conjunto com 15 fotos (veja nas páginas a seguir).

Trabalhador e folgado

A pergunta era a mesma feita em relação às mães: Que fotos mais combinam com o seu pai? Ressalto que escolhi figuras que representassem as mesmas funções nas imagens das mães e dos pais. Dessa forma, garanti que todas as atividades tivessem as mesmas chances de ser escolhidas para representar o pai ou a mãe.

Empate na primeira posição das imagens mais associadas ao pai! Uma delas mostra ele dirigindo, provavelmente indo ao trabalho. A outra retrata o pai relaxando, simplesmente sem fazer NADA! Vê-se aqui que pai e mãe são vistos de forma bem diferente. As duas imagens aparecem tanto no perfil de filhos de mães que trabalham fora quanto no de filhos de mães donas de casa. Isso sinaliza que o pai é visto como "folgado" mesmo naquelas casas onde a mãe sai para trabalhar. Parece que ele não assume as tarefas na ausência dela...

> **"Meu pai chega em casa e tá passando um jogo ou um filme na TV, aí ele fica lá deitado, sem fazer nada. Falo para ele pegar uma coisa para mim e ele responde que é para eu pedir para minha mãe!"**
> Pedro, 10 anos, mãe trabalha fora

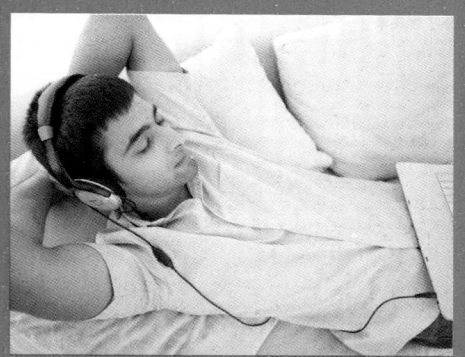

Logo em seguida, aparece uma imagem que retrata o lado gostoso do pai, aquele que brinca com os filhos em seu tempo livre. Essa deve ser uma memória das mais queridas entre os filhos. Eles não estão interessados em saber se o marido ajuda a mãe com o trabalho de casa; adoram ver que o pai se dedica a eles, valorizam a proteção dele nas atividades mais arriscadas (como andar de skate, patins, bicicleta) e se sentem o máximo quando ele compartilha os momentos ao ar livre e pequenas aventuras. É

um elo que se forma geralmente durante as horas de lazer e retoma a valorização da qualidade do tempo passado junto dos filhos, ponto importante para os pais e para as mães que trabalham! O homem de hoje busca mais proximidade e, já que não consegue tê-la durante os dias úteis (se chegar muito tarde ou trabalhar em outra cidade, por exemplo), arruma mais tempo e disponibilidade no fim de semana.

Quanto se trata das atividades rotineiras, fazer supermercado parece ser a atividade doméstica mais próxima dos pais. Aliás, hoje vemos um bom número de homens em supermercados, sozinhos ou com a esposa. Se não for tarefa tão frequente, eles podem até encarar como prazer, e não como obrigação. Vejo que isso é uma característica – eles se oferecem para fazer as coisas de que mais gostam: claro! É pegar ou largar, não acha? Comparando as imagens que se relacionam a atividades domésticas, vemos que o pai é associado a elas nesta ordem: supermercado, cozinha e passar roupa. Aliás, esta imagem é a penúltima associada ao pai (a última é a do médico, o que é compreensível, por ser uma profissão bem específica).

E a foto do profissional em ação, falando ao telefone na frente do monitor, compete entre as primeiras. É a imagem clara do provedor. Ela recebe mais indicações do que quando essa mesma cena se refere às mães. E, claro, quando surge para as mães, é mais relevante entre os filhos de profissionais.

Na sequência, surgem mais estas duas imagens. Ambas são claramente conectadas ao mundo profissional. Ou seja, se o pai trabalha bastante durante a semana e, muitas vezes, chega tarde para jantar ou nem consegue ver os filhos, é dessa forma que eles imaginam o pai no expediente. Os filhos também têm consciência de que o pai precisa trabalhar (e, muitas vezes, também sabem que a mãe também tem essa necessidade, seja para dividir os pagamentos ou por estar sozinha na manutenção da casa e dos filhos). Antigamente se dizia que o pai estava fora para ganhar "o sustento" da família; hoje os filhos associam diretamente o esforço na empresa, em galgar ou manter cargos, em "dar o sangue", ao conforto material da família. Muitas vezes o trabalho paterno é encarado como prisão, sacrifício, por conta das obrigações familiares. Tudo tem seu valor e seu preço. Mas o pai aparece como provedor em primeiro lugar, o que se confirma na tabela ao lado.

Crianças e jovens mostraram sinceridade e espontaneidade diante da missão de escolher as atividades que mais combinavam com o pai. E não hesitaram em apontar as três primeiras da lista: pagar as contas, sustentar a família e trabalhar fora. As três se inter-relacionam e foram apontadas muitas vezes, pois isso compõem grande parte da visão que eles têm do pai. Além disso, na percepção dos filhos, os pais casados com mulheres

"As três atividades que mais combinam com o meu pai"

1º lugar: pagar as contas
2º lugar: sustentar a família
3º lugar: trabalhar fora

> "Meu pai trabalha mais, só que quando chega só assiste à TV. E minha mãe, assim que chega, vai cuidar da casa."
> Otávio, 17 anos, mãe trabalha fora

> "Eu fico mais com meu pai do que com a minha mãe, eu saio bastante com ele de carro, vamos ao shopping. E minha mãe fica mais em casa cozinhando, então, não sobra muito tempo."
> Cíntia, 13 anos, mãe trabalha fora

Quem faz mais coisas, somando tudo o que eles fazem, dentro e fora de casa, o pai ou a mãe?

Quem tem mãe que trabalha fora, aponta que é a MÃE quem faz mais coisas.

Quem tem mãe que não trabalha fora, aponta que o PAI é quem faz mais coisas.

profissionais trabalham menos, sustentam menos a casa e pagam menos contas que pais casados com donas de casa! O que claramente nos aponta que, pelos menos na visão dos filhos de casais em que ambos trabalham, essas atividades ficam mais equilibradas entre pai e mãe.

Em seguida, em quarto lugar, aparece "brincar com os filhos". E vale notar que pais cujas esposas trabalham brincam ainda mais. Isso mostra que realmente existe essa faceta paterna ressaltada na visão de crianças e jovens: os homens estão mais abertos para esse espaço de descontração e curtição com sua prole. Pensando no meu caso pessoal, acho isso muito verdadeiro! É meu marido quem conta piadas, quem chama para jogar bola, faz jogo de moeda na mesa, faz bagunça na hora de comer... E ele ainda tem tempo para ficar no sofá! Situações de relaxamento e descanso também são associadas pelos filhos muito mais aos pais do que às mães. Coitadas, mães não têm tempo para o descanso da guerreira, pelo menos é assim que os filhos as veem. Elas estão sempre fazendo alguma coisa. Até para fazer esportes e se divertir o pai tem mais espaço na agenda, segundo o que ouvimos dos filhos.

Consequentemente, é curioso como comparam a carga de atividades de cada um. Para os filhos, (veja ao lado) se a mãe trabalha, eles tendem a apontá-la como a pessoa que faz mais coisas, tanto dentro quanto fora de casa. Provavelmente eles estão vendo a somatória de tudo que ela faz, suas múltiplas tarefas. Se ela não trabalha fora, o pai leva vantagem.

E lá em casa?

Ao ver os resultados que mostravam como os filhos viam seus pais por meio dessas fotos, num primeiro momento, tomei um susto! Confesso que me surpreendi e de imediato fiquei pensando em como meus filhos veriam a mim e ao meu marido, pai deles. Eles já estão acostumados a ser "cobaias" em minhas sondagens, por isso resolvi propor aos dois a mesma tarefa que pedi às crianças e aos jovens da pesquisa. Dei a eles as duas pranchas com imagens e esperei até que definissem as três mais associadas a mim e as três mais associadas ao pai. Obviamente, um não viu antes as respostas do outro. Ao ver as escolhas de ambos, mais uma surpresa! Meus filhos me veem de forma diferente um do outro, com apenas um ponto em comum, seja porque tenho um casal, seja porque eles têm três anos de diferença de idade. Agora compartilho com vocês o meu retrato e o de meu marido na visão dos meus filhos.

Minha filha me vê assim:

E meu filho me vê com algumas variações:

Em comum, ambos elegeram a mulher profissional. Será que é por que essa é a forma mais visível para eles? Talvez. Mas fiquei feliz por ser reconhecida também como alguém que malha e cuida dos filhos. Ufa, fiquei mais tranquila!

Com meu marido aconteceu coisa parecida. Gabriel e Beatriz veem o pai de forma diferente, com apenas um ponto em comum. Começando pela visão do Gabriel:

E, agora, a visão de nossa filha:

Novamente uma foto em comum, a do pai na bicicleta. Disso não há dúvida e meus filhos estão certíssimos: ele adora andar de bicicleta e sempre chama os filhos para o acompanhar em suas pedaladas. Mas as demais fotos associadas ao pai também são marcantes. Para nossa filha, o pai é aquele que ajuda na lição (e ajuda mesmo, bem mais do que eu, que já me atrapalho nas matérias do Ensino Médio!). Para nosso filho, o pai é quem vai ao supermercado. Ele adora fazer compras, mas certamente a cada dez idas ao supermercado, oito são feitas por mim. Curiosamente, nossa filha diminui o trabalho na vida do pai (ele só aparece – indiretamente – na imagem porque o pai está de camisa e gravata, ajudando a filha na lição) e enxerga mais a malhação. Já para o Gabriel, o trabalho está lá, firme e forte. E não é qualquer trabalhador: é o pai na ponta da mesa, poderoso, liderando uma reunião. É a preservação da figura do provedor – seguro e bem-sucedido.

Somando tudo, acho que fazemos uma boa dupla. Malhamos, cuidamos dos filhos, ajudamos nas tarefas da escola, fazemos compras e trabalhamos. De certa forma, as imagens se complementam. Será que é um sinal de que meus filhos estão abastecidos, pelo menos sob essa ótica? Espero que sim!

E agora, o que eu faço? Dicas de equilibrista III

Ideias e dicas práticas do que podemos fazer para ajudar nossos filhos e a nós mesmos

1 Estabeleça um momento que envolva só pai e filhos. É muito mais frequente vermos momentos exclusivos de mães com filhos do que de pais com filhos. Organizar-se e definir na agenda um momento de interação com as crianças é muito gratificante para os dois lados. Pode ser a hora da história do pai, lida à beira da cama, um jantar preparado por pai e filhos ou o dia de alugar um filme para verem juntos, sem a mãe!

2 Outra boa dica é o pai ficar responsável, de verdade, por alguma rotina semanal dos filhos. Pode ser buscar o filho na escola uma vez por semana, levá-lo ao ortodontista ou, ainda, corrigir as lições. Não importa o que seja, mas vale criar esse hábito. De certa forma ajuda a mãe e também amplia a visão do filho em relação ao pai. Em casa, até hoje, meu marido e eu disputamos quem irá levar nossos filhos à escola. Para algumas pessoas pode parecer até estranho, mas nós adoramos esse momento matinal – mesmo que às vezes seja bem sonolento.

3 Efeito surpresa é sempre bacana! Nada como algo que acontece de forma inesperada. Já que o pai tende a ser menos presente nas atividades diárias dos filhos, buscá-los na escola sem avisar pode ser uma ótima ideia. Nossa vida é repleta de rotinas e quebrá-las, de vez em quando, faz muito bem!

4 Outra dica importante para pais é a de insistir com a esposa para, de fato, dividir as tarefas. Conheço pais que se oferecem uma vez para dar a papinha ao bebê e têm seu "pedido" negado pela mãe, por alguma razão. Se isso acontecer novamente, siga insistindo, cobre ativamente um espaço para sua participação. Todos sairão ganhando!

CAPÍTULO 4

A SENSAÇÃO

Mãe!

Como mãe e profissional que vive com a agenda apertada, tenho o hábito de carregar comigo alguma pesquisa para ler, parte de um trabalho para adiantar ou livros de bolso, práticos para aqueles minutinhos esperando uma reunião começar ou a filha sair do dentista. Um desses exemplares, o clássico de Tania Zagury *Educar sem culpa:* a gênese da ética[8], já começa com boas pílulas sobre esse universo da paternidade que nos atingem em cheio. "A grande maioria dos pais quer, deseja, luta pelo bem dos filhos. Às vezes erram, é claro, perdem-se em mil dúvidas, mas em geral essa insegurança se dá justamente pelo intenso desejo de acertar, de encontrar a melhor resposta para a educação dos filhos." Tania identificou três características da nova geração de pais de classes média e alta: o desejo de não repetir o modelo autoritário da geração anterior, a insegurança quanto à forma de agir com os filhos e a culpa em relação a eles. Acho interessante que esses pais se aconselhem, participem de cursos, leiam livros sobre educação e comportamento – tudo válido, não me entendam mal –, mas se esquecem de avaliar como andam os principais motivos de tanto conflito: os próprios filhos.

Quando recebi as mães das crianças participantes de um grupo de pesquisa (com até 9 anos de idade), percebi nos olhos delas aquela curiosidade latente: o que não dariam para saber o que os filhos tinham revelado ali no grupo de discussão, longe dos olhares e julgamentos de seus pais, sem precisar se preocupar em não magoar ninguém... Com certeza é sempre melhor expressar opiniões sinceras para quem é "de fora", quem não está envolvido na intrincada teia familiar. Família costuma ser sinônimo de vivência intensa

---

[8] *Educar sem culpa:* a gênese da ética. Rio de Janeiro: Best Seller, 2007.

DOS FILHOS

e pode ser lugar de prazeres ou de dissabores. Mas foi justamente perguntar aos próprios filhos o que achavam da participação ou não participação dos pais em suas vidas que ocorreu a Meg Cadoux Hirshberg, colunista da revista americana *Inc.*, que fala sobre mulheres e negócios.

Ela se inspirou em um empresário holandês que costuma fazer "revisões 360°" com os filhos para descobrir onde ele está faltando como pai. Na última delas, as crianças disseram que ele ficava muito tempo no iPhone, ao que ele decidiu desligá-lo nos fins de semana. Esse mesmo empresário leva cada um dos filhos para passar um dia na empresa a cada seis meses. Assim eles não veem apenas o lado negativo de sua ausência em casa, mas também o positivo: as coisas que ele faz, do que jeito faz e como seu trabalho é valorizado. Meg comenta que as mães empresárias se culpam ainda mais pela ausência, assim como eu já havia concluído em *Vida de equilibrista*. A razão é simples: mesmo que exista a possibilidade de ter uma agenda flexível, o trabalho está sempre lá. "Você pode estar fisicamente presente na apresentação de balé de sua filha, mas precisa se controlar para que sua mente não fique recalculando as margens de lucro da empresa", observa Meg. Ainda que não se pergunte diretamente a elas, as crianças – principalmente as mais novas – têm lá suas maneiras de expressar suas sensações. A mulher de um empresário foi buscá-lo ao final do

> "Eu queria agradecer pelo que você faz por nós (família), no trabalho e em casa, e queria dizer que eu não a culpo por trabalhar, muito pelo contrário, agradeço por você trabalhar e ajudar a família e acho que isso é muito importante pra nós."
>
> Carta de Henrique, 13 anos, mãe trabalha fora

expediente com o filho de 2 anos no carro. "Olha, a casa do papai!", disse o menino ao avistar o prédio onde o pai trabalha. O comentário mudou a rotina desse indivíduo. Ele colocou um pôster do filho na sala de trabalho e escreveu a palavra PRIORIDADE logo abaixo. Ao olhar a imagem todos os dias, ele lembra que deve desligar o computador e ir para casa. E o filho saiu ganhando!

A percepção que crianças e jovens têm sobre o trabalho dos pais é reflexo direto do que os adultos conversam em casa ou do que ensinam aos filhos. Pelo menos a parcela dos cidadãos paulistanos de classe AB que ouvi indica o dinheiro como fator principal da motivação para o trabalho. Segundo a opinião dos filhos, o pai trabalha para ganhar dinheiro, em primeiro lugar, dar uma vida melhor à família e depois para comprar coisas para os filhos. A satisfação com o trabalho apareceu em quarto lugar apenas. "Para ser feliz" foi uma opção escolhida poucas vezes, ou seja, a amostra praticamente declara que trabalho traz dinheiro, mas não felicidade. É essa a percepção que nossa sociedade e os próprios pais estão incutindo na cabeça dos filhos.

Mãe profissional, respeitada e sem culpa

Já na vez de escolher dois motivos pelos quais a mãe trabalha, a opção "para ser feliz" cresceu entre as escolhas, sendo que as meninas elegeram esse motivo com menor frequência que os meninos. Vejo duas possíveis razões para isso: as meninas já caíram na real e consideram que trabalhar é uma necessidade para ambos os pais, enquanto os meninos algumas vezes ainda veem o trabalho da mãe como "opcional"; ou os meninos percebem a mãe mais feliz no trabalho do que seria em casa. Quanto aos itens no topo da lista das motivações, eles permanecem iguais aos dos pais, até mesmo na ordem: a mãe trabalha para ganhar dinheiro, dar uma vida melhor à família e comprar coisas para os filhos. O item "porque ela gosta", ou a satisfação com o trabalho, também aparece em quarto lugar. Chama muito a atenção a distribuição das escolhas nesses três primeiros itens, principalmente se considerarmos o motivo "comprar coisas para os filhos" muito mais associado à mãe. Ele revela claramente que, na visão dos filhos, as mães são as grandes responsáveis pelas compras que beneficiam as crianças de modo direto. Não duvido que, para muitos casais de hoje, a divisão de contas seja assim: o marido se responsabiliza por tudo o que diz respeito à casa, e a mulher paga todas as despesas que envolvem filhos e família, já que ela faz supermercado, leva ao médico, controla as atividades extracurriculares, prepara as festas de aniversário – e desembolsa por isso também. Além disso, arrisco dizer que as mães que trabalham fora buscam compensar a ausência oferecendo mais benefícios materiais aos filhos, já que ganham um salário, mas não dispõem de tanto tempo. As mães que estão em casa, mais próximas dos filhos, não sentem essa necessidade de compensação ou, então, esmeram-se em mimos mais caseiros, como fazer um delicioso bolo de chocolate para o lanche da tarde.

Vale ressaltar que perceber a culpa da mãe é uma atitude pouco frequente, como averiguei ao mensurar as atitudes dos filhos em relação ao trabalho da mãe. Foram apresentadas algumas frases e perguntado o quanto eles concordavam ou não com cada uma delas. Essas frases só foram aplicadas a crianças acima de 13 anos, filhos de mães que trabalham. Com essa idade, já têm discernimento suficiente para analisar esse tipo de questão.

"Já me acostumei que minha mãe trabalha fora e não sinto falta."

Claramente vemos que nossos filhos se acostumaram com a vida de equilibrista dos pais. Especialmente os meninos! E, quanto mais velhos, mais acostumados vão ficando à realidade familiar da atualidade. Vale até ressaltar outro número: segundo dados do Ipea, a marca de mulheres chefes de família já alcançava 20 milhões em 2007. Ou seja, muitos dependem do salário delas.

> **"Minha mãe se culpa muito por trabalhar, então ela me dá tudo o que eu quero."**
> Janaína, 14 anos, mãe trabalha fora

Motivos pelos quais pai e mãe trabalham

Pai
1º lugar: para ganhar dinheiro
2º lugar: dar uma vida melhor à família
3º lugar: para comprar coisas para os filhos
4º lugar: porque ele gosta

Mãe
1º lugar: para ganhar dinheiro
2º lugar: dar uma vida melhor à família
3º lugar: para comprar coisas para os filhos
4º lugar: porque ela gosta

"Eu queria que minha mãe ficasse mais comigo."

A concordância com essa frase é de média para alta e nos mostra que eles até gostariam de ter mais a mãe por perto. Não é algo fundamental, mas é desejável. Segundo a educadora Ana Paula Dini, a criança que consegue verbalizar a saudade, que diz "Eu sinto falta, sim", é uma criança extremamente bem resolvida. Ou seja, é um bom sinal nossos filhos quererem nossa presença!

"Eu gosto que minha mãe trabalhe fora para ela não ficar no meu pé!"

Essa afirmação é mais verdadeira para os mais velhos, que anseiam por independência. E remete àquele grupo do capítulo 1, lembra? O **"Nem pensar"**, formado pelos filhos que gostam da atividade profissional da mãe para garantir o próprio sossego. A psicopedagoga Maria Irene Maluf ressalta que a criança deseja estar mais perto da mãe – ser levada à escola, brincar com ela no fim de semana, apresentá-la aos amigos – até os 14 ou 15 anos. "Depois disso, o filho fala 'Tchau porque eu já saí da sua barriga'", imita a especialista, que se pergunta: vale jogar fora toda uma vida de dedicação aos estudos e à profissão por 15 anos de atenção exclusiva a uma criança? Como típica equilibrista de carreira sólida e duas filhas já criadas, Maria Irene acha que não.

"Acho natural minha mãe trabalhar fora."

A maior parte dos pesquisados concorda com essa ideia – boa notícia para as mães que trabalham fora! Acho essa manifestação de nossos filhos a maior prova de que é possível o equilíbrio entre profissão e família. A mãe trabalhar fora é um fato natural para eles! A concordância com essa afirmação é alta. Observe que é ligeiramente mais natural entre as meninas. Será que elas já se veem um pouco nesse papel, num futuro próximo? Isabel Kahn comenta que as meninas na adolescência já querem se posicionar. Por isso também escolhem fotos mais conectadas à vida profissional para representar a mãe. "Eleger uma imagem mais ativa é uma forma de ela se firmar como mulher, como aquilo que ela está buscando para si", explica Isabel. E a adolescente não se vê no supermercado ou passando roupa, acredite!

"É bom minha mãe trabalhar porque ela me dá mais coisas."

Ainda estamos devendo explicações sobre nosso trabalho. Para eles, essa visão mais mercantilista da profissão ainda é bem presente. A alta concordância com essa afirmação parece repetir o item "para comprar coisas para os filhos", que é uma das motivações apontadas por eles para dizer por que os pais trabalham. Além disso, o fato de haver um *mais* na frase pressupõe que, se a mãe não trabalhasse, não poderia dar tantas coisas assim para os filhos, pois não seria a "dona" do próprio dinheiro. Pesa aqui o fato de ser a mãe quem se responsabiliza pela compra de material escolar, de uniforme, de coisas gostosas para o lanche, ou seja, as coisas básicas para um cotidiano feliz. Fora isso, a mulher é responsável por mais de 70% das decisões de compra da família, o que também envolve brinquedos e lazer.

"Eu acho que minha mãe se sente culpada por trabalhar fora."

Definitivamente os filhos não veem a mãe como culpada, visto que são poucos os que concordam com essa afirmação. Talvez ela até se sinta assim, mas não é essa a percepção dos filhos, provavelmente por encararem o trabalho da mãe como algo natural. Se é natural, para que ter culpa? O que ela

A lição de Gabriel

Outro dia, chegando em casa no fim do expediente, depois de uma semana bem intensa no trabalho e com minha culpa de mãe nas alturas, fiquei surpresa com a lucidez de meu filho Gabriel. Assim que entrei em casa, fui procurá-lo. Lá estava ele em seu quarto fazendo a lição de casa. Cheguei, beijei-o e achei que seria bom ficar um pouco sentada ao seu lado, acompanhando-o nessa atividade. Para mim pareceu ser uma boa forma de me sentir menos culpada, compensando minha ausência mais intensa naquela semana. Assim, sentei-me e fiquei olhando para ele. Meu coração superapertado, culpa intensa e aquele olhar apaixonado das mães. Eis que, após uns poucos segundos, ele me fala mais do que diretamente: **"Mãe, pode ir lá embaixo, eu estou bem! Não precisa ficar aqui do meu lado"**. Ele não estava me dispensando ou querendo ficar em paz; na verdade, suas palavras eram para me tranquilizar. Na hora, quase caí da cadeira com o toque que ele me deu. Ele me dizia que estava bem e que, na verdade, quem não estava bem era eu. Em minhas fantasias ele estava mal, minha ausência naqueles dias tinha sido péssima para ele e eu era uma mãe sofrível. Imaginei que ele quisesse que eu ficasse horas com ele para compensar o "buraco". Nada disso. Saí do quarto pensando muito, a cabeça tentando ainda entender o que tinha acontecido. A lição que ele me deu ficou clara: a preocupação, a culpa, as fantasias eram minhas, construídas apenas por mim com base nas minhas próprias "minhocas" mentais. Eu tinha imaginado o que ele estaria sentindo. Moral da história: se nossos filhos estão bem abastecidos de mãe, não em uma semana ou em um dia, mas na história de vida deles, eles têm a segurança de que estamos sempre por perto. Eles sabem que podem contar conosco, mesmo que não estejamos ao lado deles o tempo todo. Valeu pela dica, Gabriel. Tentarei não esquecê-la.

estaria fazendo de errado? Segundo Ana Paula Dini, as crianças sofrem por meio de nós, e, se estamos bem, elas ficam bem. "Não vejo nunca uma mãe feliz com um filho infeliz", repara ela. Seguindo essa lógica, se os pais se sentirem culpados e demonstrarem isso, a criança vai perceber. Ana Paula diz que somos nós que autorizamos os filhos a ter certo tipo de sentimento. Se dissermos que eles são capazes de vencer um obstáculo, que podem e conseguem, eles vão conseguir... Pena que não repetimos a nós mesmas esse mantra mais vezes. Afinal, se julgarmo-nos capazes de equilibrar maternidade e trabalho, mesmo que seja difícil, iremos conseguir. Em outras palavras, só sentiremos a culpa e a sensação de "não dar conta" se autorizarmo-nos a isso! Vale ressaltar que é legal jogar limpo e dividir os sentimentos com os filhos, mas aquela mãe que vive estressada e desabafa culpando o trabalho, o chefe, o trânsito e ainda a dezena de afazeres familiares pode passar uma imagem nociva para os filhos. É preciso também tomar cuidado com mensagens que podem fazer as crianças se sentirem culpadas pelo estresse da equilibrista.

Orgulho e felicidade

No dia a dia, nossas ações influenciam diretamente as imagens retidas por nossos filhos. "Os pais podem tentar ensinar certos valores, mas as crianças inevitavelmente absorverão aquilo que é transmitido através do comportamento, dos sentimentos e atitudes dos pais na vida diária. A maneira como vocês expressam e administram os próprios sentimentos torna-se um modelo que será lembrado por seus filhos durante toda a vida deles", observa a educadora norte-americana Dorothy Law Nolte, autora do clássico poema "As crianças aprendem o que vivenciam"[9]. Elas aprendem mesmo o que vivem e depois crescem para viver o que aprenderam; o que não significa – e eu acredito fielmente nisso – que irão perpetuar os modelos dos pais; talvez até mesmo os desprezem e critiquem. Mas, com certeza, esses modelos irão influenciar a sua formação.

Uma boa notícia: quando a família vive em certa harmonia, os filhos sentem orgulho de ambos os pais. "Admiro a organização deles. Não sou tão responsável, mas quero ser. Quero seguir o exemplo de vida deles, sem conflitos, na paz", diz Tatiana, 15 anos, filha de uma autônoma que trabalha meio período. Na pesquisa, no quesito orgulho dos pais, os filhos deram notas altíssimas!

Em todos os perfis, o orgulho que as crianças e os jovens têm da mãe é maior do que o que têm do pai, em geral um ponto a mais. Mas vale notar que o orgulho é alto para ambos. Maria Beatriz Savoldi, professora de leituras do

---

[9] No livro *As crianças aprendem o que vivenciam*. Rio de Janeiro: Sextante, 2009.

Colégio Santa Cruz, já presenciou várias conversas entre os alunos e percebeu que eles sabem bem quando os pais estão produzindo, fazendo coisas bacanas. "Além de aceitar, já os ouvi justificar para os amigos: não posso ir ao cinema porque minha mãe está viajando para dar uma palestra a trabalho", conta Maria Beatriz. "Isso para eles é motivo de orgulho. Eles podem até querer a mãe em casa, mas sabem que ela está exercendo uma atividade que enriquece a vida dela." Assim que a criança aprende a valorizar o trabalho – como ele faz diferença na vida da mãe e na dinâmica da família –, cresce a admiração e instala-se uma rotina bem aceita, o que gera tranquilidade. Isso impacta, sem dúvida, o quanto eles se consideram felizes. É claro que essa pergunta foi feita ao final da pesquisa que realizei! Procurei saber que nota eles dariam para a própria felicidade, em uma escala de 1 a 10. Responderam a essa questão os filhos com mais de 13 anos, de ambos os perfis.

> **"Eu tenho muito orgulho porque eles têm muita dedicação ao trabalho e podem me ensinar mais coisas."**
> Renata, 10 anos, mãe trabalha fora

Orgulho dos pais, numa escala de 1 a 10, pelo que eles são e pelo que fazem em suas vidas

	Total	Mãe trabalha	Mãe não trabalha
Orgulho da mãe	9,3	9,4	9,4
Orgulho do pai	8,7	8,4	9

Nível de felicidade dos filhos

Um dado muito interessante e que mostra como os filhos se adaptam bem a qualquer situação: todos estão felizes na mesma intensidade, com mães que trabalham ou não, dando uma nota próxima de 8 (sendo 10 a nota máxima). UFA! Que alívio: a felicidade deles não está diretamente relacionada ao fato de a mãe estar em casa ou não. Esse resultado coincide com o que falaram os psicólogos e educadores consultados e é motivo suficiente para os pais darem pulos de alegria: sim, eles são felizes! Todos! (*Não parece que no Reino Unido eles tenham tanto a comemorar, veja no destaque.*) Os números que apurei batem muito com os da pesquisa feita pela Viacom, na qual mais de 2/3 dos filhos afirmam que "Na maioria das vezes eu me sinto feliz com a minha família!". Já a maioria dos pais chegou à seguinte conclusão: "Na nossa família temos os nossos problemas, mas no fundo vai tudo bem!".

Fica evidente que o conforto material resultante de ter ambos os pais trabalhando também pesa no termômetro da felicidade. Os resultados da pesquisa me fazem concluir com tranquilidade que, muito embora tenhamos achado que a saída para trabalhar os deixaria descontentes, nossa vida de equilibrista é suficiente para que os filhos se sintam satisfeitos. Mas não parei por aí: queria investigar como eles se veem no futuro, no lugar dos pais equilibristas de amanhã. E esse assunto rendeu muitas descobertas interessantes, que detalharei nos próximos capítulos.

Depois de ouvir os filhos, o estudo destaca que "a vida começa na família e, do ponto de vista das crianças, uma família afetiva é a chave para o início de uma vida saudável". A principal conclusão do livro é a de que podemos fazer um mundo melhor para nossos filhos a partir de três palavras: amor, respeito e evidências (ou seja, demonstrar que os amamos e respeitamos através de nossas atitudes cotidianas). Simples assim!? Ao ler as dicas dos autores do livro inglês, esse trio de requisitos parece óbvio. Mas nosso dia a dia é bem mais difícil do que as teorias o fazem parecer. Na minha vida pessoal, meu marido e eu seguimos fielmente essas três palavrinhas, tenho muita segurança disso. A questão é: será que nosso amor, nosso respeito e nossas evidências estão sendo suficientes? Ou será que estão sendo exagerados? Saber o limite exato, no meu caso, é o que mais me preocupa.

E agora, o que eu faço? Dicas de equilibrista IV
Ideias e dicas práticas do que podemos fazer para ajudar
nossos filhos e a nós mesmos

1 Acredito que poucas vezes falamos, com todas as letras, sobre os motivos que nos levam a trabalhar fora. Ou até sobre os motivos que levam a mãe ou o pai a optar por não trabalhar fora. Vale muito a pena investir esse tempo dividindo com os filhos nossas motivações. Certamente daremos a eles mais elementos para ampliarem a visão que têm do trabalho da mãe. E, se possível, combinar a visão de "ganhar dinheiro" com motivações mais relacionadas ao prazer pessoal.

2 Somos modelos, para o bem e para o mal. É importante estarmos atentos a isso o tempo todo. Um pai que trabalha quinze horas por dia e chega em casa sempre irritado, dando coices nas paredes, certamente passará uma imagem negativa do trabalho. Não basta aos pais "disfarçarem" quando chegam em casa. É preciso uma revisão do nosso modelo para, de forma verdadeira, inspirar o futuro de nossos filhos.

3 A contabilidade das horas de convivência entre pais e filhos é sempre polêmica. Não há uma ciência exata que defina o número de horas que fará seu filho feliz. Vale a sensibilidade de cada pai para entender seu filho, o momento que ele está vivendo e como ele está recebendo tudo isso. Com esse balanço afinado, é questão de cada família construir sua própria planilha.

4 Amor quase nunca é demais! Na verdade, a felicidade de nossos filhos está mais relacionada ao amor e à atenção que damos a eles do que à contabilidade das horas que passamos juntos. Claro que dosar essas horas é fundamental. Não há amor que resista a pais que chegam em casa apenas para dormir, certo?

"Para mim, família bem resolvida é aquela que os pais são legais e se entendem com os filhos, sabem escutar o que a gente fala e no trabalho precisam ganhar bem para não faltar coisas para a casa e para os filhos."
Rodrigo, 18 anos, mãe trabalha fora

PARTE II

O PROJETO
DE FUTURO

CAPÍTULO 1

EU *VERSUS*

OUTRA GERAÇÃO, NOVOS SONHOS

Nos anos 1960 e 1970, a glória era sair de casa, morar em república, dormir sobre um colchão no chão e colocar os livros em uma estante feita de tábuas e tijolos. A falta de conforto fazia parte do não conformismo da época, em que havia muito para contestar. O Brasil estava amordaçado por uma ditadura, e, dentro dos lares das classes média e alta, os pais ainda tinham autoridade máxima... só da porta para fora se escapava de regras e castigos. Existia uma necessidade premente de ruptura.

Hoje, algumas gerações depois, o refúgio da juventude é o próprio quarto dentro da casa dos pais, equipado com TV e computador pessoal, com espaço para amigos e namoradas, liberdade flertando com a falta de limites – a grande questão de oito entre dez livros de ajuda para pais na atualidade. Lá fora, a violência corre solta nas grandes cidades (e até nas pequenas), por isso a família se resguarda, protegendo e mimando seus filhos por mais tempo, mantendo-os na redoma familiar. Pegar ônibus com menos de 15 anos de idade, nem pensar. E, para garantir que as crianças fiquem sob o mesmo teto, os pais procuram entender melhor seus anseios e minimizar os conflitos. "O respeito mútuo aumentou e atualmente a relação pais-filhos é próxima. Para ter autoridade, hoje os pais escutam os jovens", salienta Marina Muniz Nunes, orientadora do 3º ano do ensino médio do Colégio Santa Cruz, em São Paulo. A educadora acompanha jovens com 17 anos, às portas do vestibular, e percebe que as referências trazidas de casa são muito fortes. "Meninos e meninas fazem projetos de futuro bem parecidos. Nenhuma garota pensa em ser dona de casa. Cursar faculdade e ter vida profissional ativa é uma continuação natural da vida escolar." No Colégio Santa Cruz, Marina conduz uma atividade de orientação que trata do projeto de vida dos alunos. "Cada jovem tem sua maneira de lidar com a escolha da carreira: alguns pensam em ganhar

MEUS PAIS

muito dinheiro; outros, satisfação. É uma geração que busca o prazer imediato. E também que sonha com o tempo para o lazer, para relaxar e contrabalançar o estresse do trabalho", conta ela, que também percebe a vontade – ainda que velada – de atender às expectativas dos pais na hora de optar por uma carreira.

E a família, ainda entra no projeto de futuro? "Em famílias mais estruturadas as crianças sonham a partir de suas projeções: quero trabalhar, casar, ganhar dinheiro, viajar", enumera a psicóloga Isabel Kahn, que ressalta que a mulher, em geral, sonha "ser amada, casar e ter filhos". A família ainda é valorizada, mesmo em seus novos formatos – com filhos de várias uniões, por exemplo. E os modelos que temos em casa, como há gerações, continuam influenciando o nosso comportamento, seja para um lado ou para o outro. "Se os pais são muito massacrados por uma rotina estressante, os filhos em geral falam: 'Eu não quero isso para mim!'", conclui Isabel. Por isso mesmo, o questionamento sobre o que mudaria em sua mãe/seu pai indica uma pista valiosa sobre o que essas crianças e jovens fariam de forma diferente se fossem adultos. Já viu alguém se servir novamente de um prato que não gostou? Contudo, se tirarmos um pouco o olhar do futuro e voltarmos ao que os filhos querem agora, as tabelas a seguir sugerem um mapa de anseios e carências. Quem sabe nos indicam como ser mães e pais melhores, na opinião deles... será que é possível?

O desafio colocado pela pesquisa era: **"Vamos imaginar que você pudesse mudar alguma coisa na sua mãe. Destas alternativas, escolha o que você mudaria nela".**

Eu queria que minha mãe...

1º lugar: ganhasse mais dinheiro
2º lugar: trabalhasse menos
3º lugar: fosse menos brava
4º lugar: tivesse mais horas de folga
5º lugar: ficasse mais comigo

Ganhar mais dinheiro e trabalhar menos estão na ponta da lista de desejos dos filhos em relação às mães. Mas há uma clara diferença: os que têm mãe que não trabalha fora querem que ela ganhe mais dinheiro, já os que têm mãe profissional querem que ela trabalhe menos. Doce encruzilhada! O "mais dinheiro" significa conseguir uma quantidade maior de coisas materiais para si e para a família (isso ficou bem claro nos depoimentos colhidos nos grupos de pesquisa). Já o "trabalhar menos" é anseio exclusivo dos filhos de mães profissionais. Esses também sonham com mais horas de folga para a mãe. Provavelmente, essas horas a mais poderiam ser dedicadas aos filhos. Outro ponto chama a atenção: os que pedem menos trabalho e mais horas de folga para a mãe são, normalmente, os mais velhos. Essa demanda vai crescendo com a idade e talvez seja fruto de uma consciência maior sobre o esforço da mãe. Já os que querem mais atenção para si são os mais novinhos, entre 6 e 8 anos.

> **Eu queria que meu pai...**
>
> 1º lugar: trabalhasse menos
> 2º lugar: ganhasse mais dinheiro
> 3º lugar: ficasse mais tempo comigo
> 4º lugar: tivesse mais horas de folga
> 5º lugar: fosse mais meu amigo

Coloquei essa mesma questão para todos, desta vez com enfoque no pai: **"Vamos imaginar que você pudesse mudar alguma coisa no seu pai. O que mudaria nele?"**. As respostas são bem interessantes!

No caso do pai, encabeça a lista de pedidos "trabalhar menos", seguido de "ganhar mais". É curioso que "trabalhar menos" é o primeiro da lista entre aqueles que têm mães que não trabalham. Provavelmente esse pai, tendo de arcar sozinho com a totalidade das despesas da casa, trabalha mais que os que dividem essa missão com a esposa. Já para filhos de mãe profissional, ao pensarem em mudanças que fariam no pai, ficam divididos entre querer que o pai ganhe mais e trabalhe menos. Na sequência, todos apontam "ficar mais tempo comigo", "ter mais tempo de folga" e "ser mais amigo". São todas claras demonstrações de que os filhos gostam de estar com os pais e, por isso, demandam atenção e presença. Vale ressaltar que ninguém pede – nem ao pai, nem à mãe – que eles trabalhem mais! Parece que já trabalham o suficiente ou até mais do que isso!

> **"A gente sente muita falta de brincar com o pai de vôlei e de futebol e com a minha mãe de ficar mais tempo com ela, abraçar ela. Então seria bom se eles trabalhassem menos."**
>
> Marcos, 11 anos, mãe trabalha fora

Futuro de trabalho

Em um sábado qualquer, meu marido, minha filha (na época com 7 anos), um amigo da mesma idade dela e eu estávamos almoçando em casa. Meio de supetão, meu marido soltou uma pergunta para as crianças: "Pedro, quando você se casar, vai querer que sua mulher trabalhe?". Pedro pensou, refletiu por um tempo e respondeu: "Não". Na sequência, fez a mesma pergunta para nossa filha, com ajustes: "Você vai trabalhar depois que se casar e tiver filhos?". A resposta veio rápida e direta: "Claro!". No fundo, as duas crianças reproduziram os modelos que ambos têm em casa. A mãe do Pedro não trabalhava; a da Beatriz, sim. Enfim, trabalhar fora também é uma forma de gerar modelos com os quais nossos filhos irão construir a própria história no futuro. Nada mais razoável do que ambos reagirem a partir das histórias domésticas de cada um, respeitando os modelos aprendidos e incorporados. Foi isso também que pude medir na pesquisa questionando-os se eles e suas futuras esposas ou companheiros iriam trabalhar fora.

Todos pretendem trabalhar! Não existe a hipótese de ser "apenas" dona de casa, nem mesmo para as meninas. A concordância é alta em todos os perfis, mesmo entre filhos de mães que não trabalham. Ou seja, essa será uma geração de equilibristas, sem dúvida alguma. Seguirão no mundo do "e", e não do "ou" (profissional **e** mãe, e não profissional **ou** mãe). Mas fica claro também que querem ter mais tempo para si, não apenas obrigações – como veem na vida dos pais hoje.

Só fico intrigada ao analisar as respostas à indagação sobre se o parceiro irá trabalhar. Todas as meninas dizem que o marido sim, com certeza. Mas 1/5 dos meninos vê a futura esposa como dona de casa! Ou seja, é muito provável que haverá um descompasso entre o que eles querem e o que elas querem. Parece que as meninas estão mais "evoluídas" e determinadas do que eles. Além disso, quando esses mesmos garotos pensam se a esposa vai trabalhar, os filhos de donas de casa são os que mais aceitam que ela não trabalhe. De alguma forma, nesse caso, repetem o modelo que têm em casa.

Ainda não há muita clareza sobre como será a vida profissional deles. Mas há fortes indícios de que querem trabalhar menos que seus pais. Quando

> "Eu vou trabalhar e vou dar liberdade para minha mulher se ela quiser trabalhar também. Mas eu queria ter condições de sustentar a família sozinho, assim ela pode ficar com os filhos."
> Ricardo, 16 anos, mãe não trabalha fora

> "É que minha mãe trabalha muito, eu iria trabalhar menos pra ficar mais com meus filhos."
>
> Mariana, 9 anos, mãe trabalha fora

> "Um dia eu trabalhava até tarde e no outro dia eu pegava folga, um dia sim, outro não."
>
> Giba, 10 anos, mãe trabalha fora

olhamos os jovens de 18 a 22 anos, que já estão mais próximos dessa realidade, quase a metade deles concorda com trabalhar menos. Talvez um dos motivos para isso seja justamente ter pais que abdicaram da vida pessoal para dar suor, tempo e dedicação à vida corporativa e nem por isso alcançaram o devido reconhecimento. Esses jovens fazem parte da chamada geração Y (nascidos entre 1980 e 1994), que convivem com tecnologia desde a infância ou adolescência, participam ativamente nas decisões da família e têm contato com o consumismo desde cedo. Eles sabem da necessidade do trabalho, mas não abrem mão da família pela empresa; buscam qualidade de vida em primeiro lugar. "Os jovens hoje conseguem enxergar prioridades além do trabalho. Mais da metade quer ser dono do próprio negócio, fazer MBA no exterior", analisa a diretora-executiva de Recursos Humanos do Banco Santander, Lilian Guimarães[10]. Com certeza, a visão sobre a vida profissional mudou bastante e acompanhou as transformações da sociedade. Vai longe o tempo em que apenas o salário de um bastava para pagar todas as despesas da casa. O conformismo de nossas avós, acostumadas ao marido provedor, deu lugar a uma batalha pelo reconhecimento profissional,

[10] O futuro é delas. *O Estado de S. Paulo*, 28 set. 2009.

que alcançou o ápice em duas gerações: a dos *baby boomers* (nascidos entre 1945 e 1963) e a geração X (nascidos entre 1964 e 1979). A disputa por poder, acúmulo de bens materiais e *status* teve seu pico com os *yuppies* – executivos engomadinhos de Wall Street que inspiraram toda uma leva de profissionais. Claro que estes sufocavam a vida pessoal pelo sucesso profissional, coisa que nem de longe é o sonho da nova geração. Nesse comportamento, percebo até um paralelo com a alternância dos movimentos sociais: existe uma situação, uma contestação e uma síntese. Aquele conformismo de outrora deu lugar a uma revolução na família e no trabalho – basta ver que hoje 1/3 das famílias brasileiras é chefiada por mulheres –, mas o preço foi alto. Embora bem-sucedida, essa geração de executivas e executivos trabalhou demais, exauriu-se e não deu a devida atenção aos filhos. Estes agora sonham fazer diferente. "Não adianta ser bem-sucedido, ter dinheiro e estar infeliz. Sucesso engloba família, amigos e carreira", diz Elisa Carvalho, aluna de administração da Fundação Getulio Vargas, em São Paulo.

Bem resolvidos, mal resolvidos

Não é difícil perceber que a qualidade de vida pessoal e profissional dos pais causa profundos efeitos na projeção que os jovens têm do próprio futuro. Aos adolescentes maiores de 13 anos com pais que trabalham fora, pedi comentários livres ao final do questionário de pesquisa. Uma das perguntas era se consideravam a vida profissional dos pais bem resolvida, e por quê. Foi muito interessante perceber que, para eles, uma vida "bem resolvida" abarca uma série de significados e, acima de tudo, provoca uma grande divisão entre os jovens. Metade acha que os pais são bem resolvidos. A outra metade pensa o oposto, considerando-os bem pouco resolvidos. Mas, independentemente dessa divisão, chamam a atenção as justificativas que cada lado dá para isso. Fica evidente: quando os filhos gostam que seus pais trabalhem fora, em geral, tendem a vê-los como bem resolvidos. Ou seria justamente o inverso? Quem tem pais bem resolvidos passa a encarar o trabalho deles de forma mais natural e, por consequência, aprova sua vida profissional.

Aqueles que julgam a vida dos pais como bem resolvida apontam a harmonia dentro da família como o principal sinal desse equilíbrio. Esses pais se dão bem, ajudam-se e dividem igualmente as responsabilidades por prover, organizar a casa e cuidar da família. Repartir as tarefas e não sobrecarregar apenas um dos lados, seja no aspecto financeiro, seja na rotina da família, são indicadores de um casal bem resolvido, na opinião desses jovens.

> "Eles trabalham e estão sempre juntos. Sabem dividir muito bem as tarefas e também cuidam de mim. Nossa vida quase não tem conflitos."
>
> Marcela, 15 anos, mãe trabalha fora

> "É bom os dois comprarem coisas para a casa, não fica só para um. Não sobrecarrega apenas uma pessoa com as tarefas domésticas."
>
> João, 17 anos, mãe trabalha fora

Mas há outro indício muito forte apontado por eles: ter pais que fazem o que gostam! Para nossos filhos, trabalhar em alguma atividade na qual temos prazer é uma atitude que revela o quanto somos bem resolvidos. "Minha mãe cuida da casa com carinho e é muito bem resolvida em relação a trabalho. Meu pai e ela fazem o que gostam, na área que gostam", contou um jovem de 16 anos. Essa afirmação me faz lembrar que a satisfação com o que se realiza pode ultrapassar as fronteiras do trabalho formal. Ou seja, até donas de casa que se dedicam podem ser consideradas bem resolvidas e servir de exemplo, por que não? Muitos renomados chefes de cozinha creditam sua paixão pela culinária a uma infância acompanhando panelas, ingredientes e receitas junto do fogão com suas mães e avós.

Na atualidade, tem peso outra característica que aponta a vida "bem resolvida". E é bem prática: os pais ganham dinheiro suficiente para prover a família. Um casal que consegue pagar as contas, dar mimos para os filhos e realizar os sonhos da família é bem resolvido. Para a juventude atual, essas são as maiores evidências de que os pais estão dando conta. E se eles tiverem ainda um bom relacionamento como casal, melhor ainda, como aponta esta menina de 16 anos em seu relato bem pragmático: "Não tem problema nenhum em casa com meus pais. Eles não têm dificuldade para pagar as contas, nem de comprar as minhas coisas. E não têm problemas conjugais, não brigam, não discutem, são felizes".

Mas, acima de tudo, ser bem resolvido parece estar relacionado à capacidade de dedicar tempo para a família! É bem compreensível que os adolescentes pensem assim, afinal de contas, para eles importa muito se os pais conseguem cuidar deles e curtir a vida familiar. Sem isso, pai nenhum, na visão dos filhos, é bem resolvido. "Eles conciliam bem, mesmo trabalhando bastante. Minha mãe consegue achar tempo para estar com a gente mesmo chegando tarde. Ela passa no quarto, conversa com a gente. E de domingo é 'lei' todo mundo almoçar junto" – *Bianca, 19 anos, mãe trabalha fora.*

De certa forma, esse equilíbrio e cuidado fazem falta para aqueles jovens que julgam que os pais são mal resolvidos. O saldo negativo que fazem da vida dos pais é fruto de três críticas principais: falta de tempo para os filhos, má distribuição de tarefas entre o casal – com sobrecarga para um dos lados, em geral da mãe – e a invasão dos assuntos relacionados a trabalho dentro da casa. As duas primeiras críticas são o outro lado da moeda, comparando-os com os filhos que veem os pais como bem resolvidos. Mas o terceiro aspecto, ligado a pais falarem de trabalho durante o convívio familiar, me chamou a atenção. Para esses filhos, os pais de alguma forma não respeitam o espaço da família e seguem "trabalhando" na hora que era para ser dedicada à família. É bem compreensível esse aspecto de crítica, e, muitas vezes, meu marido e eu nos policiamos para evitar essa invasão. E, quando damos algum passo em falso, logo um de nossos filhos nos alerta: "Vão falar de trabalho agora?". Fico até agradecida quando eles nos dão esse toque. É uma forma de nos chamarem para estarmos inteiros naquele momento com eles, no tempo que temos para a família. O relato de um garoto de 14 anos ilustra bem o mal-estar que ele sente quando o pai mistura as coisas. E demonstra também sua fé no futuro: "Meu pai às vezes traz problemas do trabalho para casa. Isso nos atinge. Acho que não deveria ser assim, acredito que ele não saiba conciliar trabalho e família. Esperamos que isso melhore no futuro".

Em minhas pesquisas sobre o tema, esbarrei em um estudo realizado pelo Núcleo de Família e Comunidade da PUC-São Paulo, no qual as pesquisadoras e professoras de psicologia Rosa de Macedo, Ida Kublikowski e Cristiana Berthoud ouviram cerca de 3 mil jovens entre 11 e 19 anos, com o objetivo de mapear o comportamento dos adolescentes e seus valores. Mas o que me impressionou foi uma frase em meio à introdução a uma parte desse estudo, que reproduzo a seguir: "A família, nossa placenta cultural, é um espaço privilegiado nessa cadeia de transmissão de valores, propiciando aos jovens a apropriação

Casa amarelinha

Desde 1998, moramos em um sobrado de cor amarela. Nossos filhos, quando menores, costumavam chamar nossa casa de "casa amarelinha". Nas férias, quando estávamos viajando, depois de um tempo sempre vinha a frase: "Vamos voltar para a casa amarelinha". Era um bom sinal de que eles gostavam da nossa casa, e isso nos deixava felizes. Aliás, meus pais moram na casa vizinha à nossa, nos fundos, em uma casa que não é amarelinha; nossos filhos sempre estão muito próximos de nós e também de meus pais.

Certo dia, Gabriel, então com 12 anos, me pergunta sobre um outro terreno que temos bem em frente à nossa casa. Ele quer saber se o terreno é mesmo nosso. Afirmo que sim e ele, na hora, faz planos para o futuro: **"Eu vou fazer minha casa bem grande, aqui na frente, nesse terreno".**

Vejo aqui duas dimensões bem claras nessa fala do Gabriel. Ele manifesta, pelo menos enquanto ainda tem 12 anos, que deseja continuar perto de nós. E que também sonha com uma casa bem grande. Ele não é muito diferente de outros adolescentes que vislumbram um futuro cheio de conquistas. Gabriel não planeja uma casa qualquer: ele quer uma construção de porte. A pesquisa que a Troiano de Branding realizou junto com o Ibope, ouvindo o público de 15 a 19 anos, aponta claramente as duas principais ambições do jovem: ser bem-sucedido e ser feliz. Acho que o Gabriel acertou no alvo em seus sonhos... Planeja uma casa grande e perto da dos pais.

de referenciais que se renovam na passagem de uma geração a outra, pela exigência de um remanejamento de competências que permitam aos filhos uma melhor gestão do futuro". Não consigo deixar de concordar com essa constatação tão pertinente e observar que ela resume bem o que acabo de analisar – a observação dos filhos em relação ao exemplo que eles percebem em casa será decisiva na maneira que eles escolherão para gerir o próprio futuro.

E agora, o que eu faço? Dicas de equilibrista V

Ideias e dicas práticas do que podemos fazer para ajudar nossos filhos e a nós mesmos

1 A convivência da família é algo que não devemos abandonar. Especialmente nas famílias com filhos pré-adolescentes ou mais velhos, a atenção aos pais é disputada com Ipods, celulares e outros *gadgets* tecnológicos. Mas não devemos deixá-los ficar isolados nessa "bolha", privando-os dos momentos de convívio familiar. Nem sempre é fácil conseguir um pouco do tempo dos nossos filhos, mas devemos insistir nisso. Todos ganharão.

2 Nem todos os pais trabalham naquilo que gostam. Alguns realmente sofrem em profissões nada prazerosas. Mas é importante dividir com os filhos o seu próprio exemplo

pessoal, seja ele positivo ou negativo, refletindo sobre os vários aspectos do trabalho, e não só aquele relacionado ao ganho no final do mês. A visão bastante presente nos jovens de que trabalhamos para ganhar dinheiro confere ao trabalho uma visão um tanto limitada. Ampliar essa visão é importante para o futuro de nossos filhos.

3 Aprender com os filhos talvez seja uma das coisas mais bacanas da paternidade e da maternidade. O olhar deles sobre nós pode ser um sinalizador importante para a análise de nossa vida. Será que estamos dando valor excessivo ao dinheiro? Será que estamos trabalhando demais? Antes de responder sem pensar, vale ouvir atentamente o que eles nos falam ou perceber como se comportam. Vai ver eles têm razão...

4 Os acordos estabelecidos entre pai e mãe para o melhor gerenciamento da vida familiar são bons truques de alguns casais. Há aqueles que alternam horários: um trabalha num período, o outro trabalha no período invertido. Há casais que evitam programar viagens profissionais simultaneamente – este, aliás, é o meu caso. Há outros que dividem responsabilidades dos filhos por dias da semana. Seja qual for o esquema, o que importa é a organização, a distribuição equilibrada e, mais do que tudo, estar por perto dos filhos sem abrir mão do trabalho.

CAPÍTULO 2

QUEM EU

CALDEIRÃO DE INFLUÊNCIAS

Em algum momento da vida, entre a adolescência e a idade adulta, o jovem irá se questionar: afinal, quem eu quero ser? A resposta, sem sombra de dúvida, será o resultado de toda uma vivência, de gostos pessoais e de modelos de comportamento que influenciaram esse indivíduo.

Como é bem comum a cada fechamento de década, a revista *Gloss*, título da Editora Abril dedicado a um público jovem, antenado e feminino, fez um balanço dos anos 2000 a 2009. Entre os grandes inspiradores dos jovens estava a atriz Angelina Jolie, por ser bela, bem-sucedida e, ainda por cima, ter adotado três crianças de países pobres. Ao todo, ela tem seis filhos. Segundo a revista *Gloss*, a década inclui a sentença de morte ao cigarro, com a proibição de seu consumo em lugares públicos em vários países, a melhor aceitação da união civil entre pessoas do mesmo sexo e o engajamento na causa verde. Isso tudo influenciou mudanças de comportamento entre os jovens. Na tecnologia, as redes sociais (como Orkut, Facebook e Twitter) estouraram, resgatando velhas amizades e criando novos relacionamentos. Os blogueiros viraram profissionais e divulgadores de tendências, e o YouTube levou a vida privada a domínio público. O Google também se tornou obrigatório para a geração, que não vive sem essa ferramenta de busca na internet. Outra novidade: aparelhos portáteis, como o iPhone e o Blackberry, permitiram levar toda a tecnologia necessária e a acessibilidade no bolso! Para mim, a dependência da internet ficou comprovada em estudo realizado em março de 2009 pelo Grupo Troiano de Branding, em conjunto com o Ibope Inteligência, sobre jovens e marcas esportivas. Uma pergunta era onde achá-los. Vejam só os resultados: em primeiro lugar, na internet (em portais e em sites de relacionamento); depois, na TV aberta e na TV paga; e, em seguida, no SMS. Foram ouvidos 390 jovens de todo o Brasil, com idades de 15 a 19 anos, pertencentes

QUERO SER

às classes A, B e C. Sabe o que eles levariam para uma ilha? Encabeçando a lista vem o computador, seguido de celular, Ipod, tênis e bola, TV e som portátil. Considerando as respostas, tem-se a clara visão de que as ilhas de hoje não podem ser apenas paradisíacas – precisam de energia elétrica, conexão Wi-Fi e sinal para o celular!

Outro indicador bem forte se expressa pelos ídolos dos jovens de hoje, que são pessoas de sucesso em várias áreas. Eles resumem tudo de bom: são ricos, poderosos e bonitos.

Personagens também podem refletir as aspirações da juventude. Nem vou entrar na seara das novelas, que rendem um arsenal de tipos e comportamentos em voga na sociedade. O universo infantil também é povoado de modelos – um dos mais fortes é a boneca Barbie, que em 2009 completou meio século. Dizem que ela representou as aspirações das

Para as meninas	Para os meninos
Angelina Jolie	Ayrton Senna
Ivete Sangalo	Kaká
Gisele Bündchen	Barack Obama
Ayrton Senna	Felipe Massa
Fátima Bernardes	Roberto Justus
Barack Obama	Brad Pitt

meninas nos últimos 50 anos[11] e seguiu as tendências de cada época. Foi magérrima como a top model Twiggy, em 1967, e vestiu-se de executiva em 1985, imitando toda uma geração de *yuppies*. Em 1990 viu o mundo se globalizar, trocou o figurino de negócios por um casaco da Benetton e fez amigas em outros continentes. Ela nasceu junto com a emancipação feminina, em 1959, linda, esbelta, emancipada, sem filhos, com tempo para investir na carreira, mas não para cuidar da casa. Era o oposto da dona de casa americana do pós-guerra (e não lembra em nada as equilibristas!). Hoje a Barbie tem

---

[11] A top model de vinil, *Época Negócios*, jan. 2010.

O que você pensa em fazer no futuro?

De bate-pronto, ele respondeu: "Trabalhar, ganhar uns R$ 15.000". Depois, continuou: "Vou me casar só depois que minha namorada terminar a faculdade. Terei filhos".

Onde você gostaria de morar?

Vou morar em São Paulo. Não moraria em nenhuma outra cidade do Brasil. Amo São Paulo, é a melhor cidade do país. Também moraria na Califórnia ou em Nova York, mas o ruim é deixar a família. Gostaria de morar em um prédio, acho mais seguro. E em Moema, porque é um bairro bonito.

O que sonha para o futuro?

Gostaria que eu e minha mulher trabalhássemos para juntar dinheiro, viajar, comprar uma casa, para depois ter filhos.

E se ganhasse na Mega Sena?

Eu investiria boa parte e depois viajaria muito.

Quais são seus ídolos?

Meu pai e minha mãe, pois eles conseguiram o que eu quero. Quero realizar isso e melhorar. Também considero Einstein, por ser um gênio, Bill Gates, Steve Jobs, Kaká, pois ele é muito certinho, não como os outros jogadores...

Qual seu ideal?

(Identificando nas fotos, ele escolheu a imagem de um homem de terno) Quero trabalhar assim, de terno, ele está bem com o emprego. (Escolhe a foto de um casal) De bem com a mulher, bem confortável, quero ser assim, tomar café da manhã no quintal... (E aponta uma foto do seriado Brothers and sisters) Quero uma família bem unida.

rivais, que representam outros valores: as Bratz (2001) são adolescentes curvilíneas, muito maquiadas, sexualizadas, com roupas justas e amantes de hip-hop. As Moxie Girlz (2009) já têm uma atitude preocupada com o meio ambiente e com a autovalorização; seu slogan é "Seja verdadeira! Seja você!". Já as Liv (2009) usam roupas descoladas e andam de *scooter*, acompanhando a ideia da recessão na América. Nem todas essas bonecas chegaram ao Brasil, onde a Barbie, da Mattel, ainda é sucesso de vendas.

O que me interessa, na verdade, é perceber que uma simples boneca pode representar sonhos e aspirações de meninas pequenas... E, convenhamos, tem tudo a ver se pensarmos que as garotas de hoje querem faculdade, carreira, família, filhos, mas não sonham em ser aquela dona de casa à moda antiga. Talvez por prazer, sim, mas nunca por obrigação!

Fast forward

Fiquei surpresa com a convicção de Pedro, um garoto que entrevistamos para um recente trabalho de pesquisa da Troiano. Estudante de engenharia da Escola Politécnica da USP (Universidade de São Paulo), ele tem apenas 20 anos e sabe muito bem o que espera da vida. Leia, ao lado, um trechinho da entrevista.

Enfim, relendo esse depoimento, tenho certeza de que nossos filhos querem ser mais equilibrados do que nós em termos de vida familiar e trabalho, mas têm metas bastante fortes de enriquecimento. É via dinheiro que eles projetam boa parte do que almejam na vida. Para eles, dinheiro traz felicidade, sim! E também satisfação! Essa nova forma de encarar o trabalho é característica de uma nova geração. Segundo a revista *Época Negócios*, em artigo de janeiro de 2010, a geração Y é formada por jovens entre 18 e 30 anos que entraram no mercado de trabalho nesta década. Eles cresceram conectados à internet, são menos pacientes, não se apegam a valores corporativos e querem crescer de forma rápida na carreira. Surpreendem os gestores tradicionais ao se dirigir ao chefe da mesma forma como falam com os amigos, o que mostra uma dificuldade para lidar com o ambiente formal de muitas empresas. São ainda multitarefas. Podem muito bem executar um trabalho enquanto ouvem música e navegam nas redes sociais. Querem liberdade para sugerir mudanças e esperam alguma recompensa imediata pelos bons resultados.

Analisando as características listadas com propriedade pela revista *Época*, consigo perceber que as mudanças na educação nas últimas décadas geraram jovens com sede de viver. Na mídia, em especial na internet, eles viram um endeusamento de casos de sucesso, de pessoas famosas, bem-sucedidas, talentosas e ricas. Em casa, tiveram pais que se esgotaram de trabalhar para empresas – às vezes apenas uma ao longo de toda a vida –, sem necessariamente alcançar riqueza ou felicidade com isso. As mães, trabalhando fora e com muito sentimento de culpa, não colocaram as mesmas rédeas que lhes haviam sido impostas por suas próprias mães. De um lado, a educação mais permissiva – que poderia ter sérias consequências –, de outro, uma forma menos autoritária de conviver, com mais diálogo e menos hierarquia. Um exemplo prático e simples: há duas gerações, tratava-se pai e mãe de "senhor" e "senhora"; agora é apenas "você". Nas últimas décadas, os filhos ganharam cada vez mais a atenção de pais e professores – antes, "cada um que se virasse com suas respectivas tarefas", certo? Hoje os bebês são estimulados desde cedo, tudo no crescimento e na educação é olhado, cuidado e analisado de perto (principalmente nas classes sociais A e B). E as novas tecnologias aproximam mais ainda os filhos dos pais, que hoje muitas vezes dependem dos adolescentes para resolver problemas na rotina com o computador. Ou seja, não existe mais uma relação "de cima para baixo", mas um respeito mútuo e acordos de convivência entre ambas as partes. É claro que há o risco de se criarem jovens demandantes, principalmente os que tiveram tudo na infância. A chamada crise de limites continua forte, diante de pequenos que agem como tiranos e adolescentes que "se acham". É um problema do mundo contemporâneo e um desafio para os pais – basta notar os títulos das prateleiras da seção de educação e paternidade nas livrarias.

Os jovens de hoje diferem muito dos de gerações anteriores principalmente por buscarem equilíbrio entre sua vida profissional e pessoal. E buscam sentido para suas tarefas. A economista Sylvia Ann-Hewlett, diretora do Center for Work-Life Policy, em Nova York, diz que "a geração Y e os *baby boomers* estão encarando o emprego de maneira semelhante e devem conduzir grandes mudanças na forma de trabalhar". Entre as mudanças, ela destaca a necessidade de intervalos na carreira, como os períodos sabáticos, em que o profissional volta após um tempo de afastamento, e a flexibilidade de horário. Tanto um como outro são necessidades genuínas das equilibristas. Elas precisam de uma agenda flexível para acomodar suas atividades com os filhos, seja levar as crianças a aulas ou a tratamentos, como ao ortodontista, por exemplo. Os períodos sabáticos também são uma forma de reavaliar a vida e ajustá-la para o caminho certo, ou até uma maneira de se reaproximar da família. Conheço um exemplo de um pai (da geração X) que deixou a empresa – onde já não se sentia mais plenamente recompensado – para acompanhar a mulher durante sua segunda licença-maternidade. A experiência não só aliviou o fardo dela, mas o fez se aproximar muito mais do filho mais velho, criando laços importantes entre eles. E, de certa forma, passando uma imagem mais equilibrada entre família e carreira para o filho (da geração Z), que provavelmente irá considerar esse tipo de atitude uma coisa natural.

Talvez um ponto crucial para compreender melhor os jovens de hoje seja perceber que eles procuram sempre se satisfazer em atividades – seja no trabalho ou fora dele – das quais realmente gostem. Uma pesquisa do Hay Group em 2009, realizada com 5568 jovens em seis empresas brasileiras, identificou que 70% acham divertido trabalhar; 74% dizem que a relação com a chefia é boa; 35% acham que são bem recompensados; e 25% têm acesso a blogs e redes sociais durante o trabalho. Vejo que as novas atitudes dos jovens diante do trabalho podem ser fruto de três causas principais:

1. Eles querem refutar o modelo anterior – de muito trabalho e pouca satisfação.
2. As mulheres entraram com tudo no mercado, portanto, agora tanto homens quanto mulheres precisam equilibrar família e carreira.
3. Os homens não têm mais a pressão do provedor, mas precisam dividir atribuições de cuidado com os filhos.

Essas mudanças de comportamento impactam, claro, a vida das empresas. A administração do tempo é cada vez mais valorizada – afinal, é preciso tempo para a carreira e também para a família. Trabalhar feliz significa ser mais produtivo! Essa é uma regra que as corporações já entenderam. Se os jovens precisam de valores com os quais possam se identificar, as empresas estão deixando claro quais valores defendem. Os novos funcionários estão em busca de propósito, atrás do lema americano: "*Stand for a cause*". Conheço um gerente de marketing que trabalhou por muito tempo em uma multinacional de brinquedos e recebeu uma oferta quase irrecusável de uma companhia envolvida com a indústria tabagista. Declinou por não concordar em ajudar uma atividade que leva as pessoas ao vício.

Tirando proveito das características da nova geração, algumas empresas, principalmente as de inovação, já fazem o *reverse mentoring* – em que os jovens aconselham os profissionais das gerações anteriores! As áreas de recursos humanos, aliás, já estão de olho no que os jovens oferecem para o mundo empresarial. Um levantamento realizado pelo Ateliê de Pesquisa Organizacional com gestores da geração *baby boomer* identificou (listo a seguir os três principais resultados em cada item):

Futuro sensacional

Anseios de uma geração (como a Y, que acabamos de explicar e que está dando muito o que falar no mundo

Sucessão de gerações

Tradicionais: nascidos até 1945
Baby boomers: nascidos entre 1946 e 1963
Geração X: nascidos entre 1964 e 1979
Geração Y: nascidos entre 1980 e 1994
Geração Z: nascidos a partir de 1995

O que os jovens oferecem às empresas?

empolgação
vitalidade
garra

Características positivas

têm habilidade com tecnologia
são comunicativos
querem ganhar muito dinheiro

Características negativas

são ansiosos para crescer
são imediatistas
são mais agressivos

No futuro, eu quero ser...

bem-sucedido + feliz + independente financeiramente

corporativo atual) se formam principalmente na adolescência. E, logicamente, têm muito a ver com os modelos que influenciam os jovens, tanto em casa quanto na mídia. Depois de ouvir os pesquisados do estudo sobre marcas esportivas, o Grupo Troiano de Branding e o Ibope Inteligência conseguiram escolher uma frase que sintetiza suas vontades: "Eu quero me dar bem!".

Entre as escolhas profissionais ou escolhas para o futuro dos jovens, destacam-se cargos de liderança e profissões de prestígio, como presidente de empresa e médico, e também de muita exposição pública e uma boa dose de diversão, como músico. Muitos sonham em ser famosos, independentemente da escolha profissional. Parece que o reconhecimento do público endossa, e muito, o fato de você ser bem-sucedido hoje em dia. Não basta ser médico: é preciso dar entrevistas e ser reconhecido pela mídia especializada para ser o "maioral" e ter as portas abertas por onde passa.

Ao observar de perto a lógica das escolhas profissionais, vejo que ninguém mais se contenta com o fato de ficar à sombra. Afinal, até mesmo ser cientista pode ser o caminho para achar a cura de um mal terrível, o que seria um feito grandioso. Nem mesmo os *nerds*, estudiosos da tecnologia que em décadas passadas gostavam de se isolar e eram marginalizados pelos colegas, escaparam do sucesso. Como a tecnologia virou item de primeira necessidade, eles hoje são *geeks*, ou *nerds* descolados, que fazem acontecer. Eles alcançaram poder, riqueza e a simpatia de todos, principalmente por trabalhar no que gostam (há toda uma linhagem deles: de Bill Gates, da Microsoft, até Mark Zuckerberg, do Facebook – passando, claro, pelo superstar Steve Jobs). Nos dias atuais, eles são modelos por serem pessoas que empreendem levando em conta uma missão, os valores em que acreditam e, além disso, por difundir novos comportamentos (e ainda encontram tempo e disposição para caridade!). Estar à frente dessas empresas de sucesso é dar a cara para bater e, querendo ou não, ser famoso! E isso é típico dos sonhos dos jovens de hoje.

Além disso, a cobrança por se dar bem em várias áreas da vida continua ferrenha. As exigências individuais deixam em dúvida futuros pais e mães, e a escolha pela paternidade é hoje muito mais consciente. Percebo que, à medida que os filhos se tornam cada vez mais julgadores das atitudes dos pais, também uma hora se dão conta de que terão de suportar todas essas e outras exigências dos próprios filhos... Mesmo assim, a vida atribulada dos pais continua sendo um modelo que muitos deles conseguem visualizar para si. Isso ficou claro nestas duas cartas que pedi que adolescentes de uma roda de discussões escrevessem para as mães:

"A melhor mãe do mundo, com certeza, é você! Eu sei que às vezes você fica 'doida' pelo trabalho, mas eu não te culpo, pois quando eu crescer, quero ser igual a você. Mãe, não tenho palavras pra te definir, talvez a defina como meu anjo ou como minha fada. Talvez defina você só como mãe, a minha mãe! Eu te amo, mãe!". Marta, 16 anos, mãe trabalha fora

"Mãe, apesar de você não estar presente em todos os momentos do meu dia, sempre saberei que poderei lhe contar tudo. Você é desde a pior mãe até a melhor, tudo para o meu bem. O que você está fazendo por mim hoje vai ter volta no futuro, pois sei que, me espelhando em você, serei um bom homem e saberei cuidar dos filhos. Por isso lhe agradeço por tudo". Henrique, 17 anos, mãe trabalha fora

Igual ou diferente

As experiências vivenciadas na infância podem estar tão internalizadas, que só afloram mais tarde, depois de feita a escolha da carreira. A jornalista Chris Campos, do blog *Casa da Chris*, observava os cuidados da avó, da mãe – que já trabalhava – e das tias com a casa... sempre arrumadinha, sempre com um bolinho e um café para servir, com tudo no lugar. E percebia a satisfação delas com a casa e dos amigos que ali eram bem recebidos. Ainda na faculdade, Chris começou a perceber a bagunça, a falta de capricho e de tempo das pessoas da cidade grande com suas casas e apartamentos. "Não entendia como os outros podiam viver assim", conta. Depois de anos trabalhando em outras áreas, resolveu canalizar suas energias para resgatar o universo positivo da dona de casa para a metrópole. E tornou-se uma moderna e descolada blogueira, que usa a própria casa e suas experiências com decoração, cozinha e estilo de vida para dar dicas a quem tem pouco tempo, mas precisa cuidar um pouco do próprio ninho. Hoje ela tem livros e um programa de TV além do blog – o mais interessante é que ela usou as donas de casa da família como exemplo e deu uma virada na carreira!

No caso de Chris, a influência do modo de ser das mulheres foi muito forte. Na pesquisa para este livro pensei muito também nos pais como influência sobre os meninos e na organização dos casais modernos em relação à família e à carreira – em geral, hoje pai e mãe trabalham – e resolvi investigar qual a intenção de seguir o modelo familiar que eles percebiam em casa. A segunda pergunta que fiz foi consequência da primeira ("Você considera a vida dos seus pais bem resolvida? Por quê?", veja no capítulo anterior) e questionava os jovens sobre o projeto deles de futuro. Eis a questão: "Você pretende ser igual ou diferente dos seus pais na forma de equilibrar trabalho e família?".

> "Quero ser diferente dos meus pais. Ter mais tempo para cuidar e para ficar com meus filhos. E saber dividir o tempo para ficar com a família com boa qualidade e em meu trabalho com boa produtividade."
>
> Márcia, 17 anos, mãe trabalha fora

> "Saber dividir bem o trabalho e a família, trabalhar para ter uma vida boa e também ter tempo para aproveitar esta vida."
>
> Lucas, 19 anos, mãe trabalha fora

Nessa discussão e em outras tantas de nossas vidas, em geral, temos sempre dois caminhos a seguir. Inspiramo-nos em nossos pais e repetimos os modelos que vivenciamos ou partimos para o oposto: queremos fazer tudo diferente do que tivemos em casa. Com nossos filhos acontece a mesma coisa. Analisando o conjunto das respostas que eles me deram, sejam elas inclinadas para a concordância ou para a contestação, fica evidente que há um padrão bem característico. A diferença está naquilo que eles identificam hoje em seus pais. Os filhos dos casais que já praticam o que eles valorizam manterão o modelo vivido em casa. Aqueles que não reconhecem essas características nos pais planejam um projeto de vida diferente. Dessa forma, consegui identificar um *checklist* dos desejos desses jovens em relação a seu projeto futuro de trabalho e família. E percebi que nossos filhos querem ser iguais ou diferentes de nós em dois pontos fundamentais para eles.

Em primeiro lugar, **para ter tempo e saber conciliar bem trabalho e família**. Seguindo esse desejo comum, aqueles cujos pais praticam bem esse balanço escolhem repetir o modelo de casa. E, claro, os que têm pais que não conseguem o equilíbrio sonham em fazer diferente. Na opinião deles, querer ter os pais por perto não significa ter pais que não trabalham fora: muito pelo contrário.

Significa ter pais que saibam dar atenção à família, que consigam chegar mais cedo em casa, que tenham espaço para viajar nas férias etc. Mas tudo isso sem que o trabalho fique prejudicado, sem que os rendimentos familiares sejam rebaixados, claro! Acho esse um recado importante que nossos filhos nos dão.

A segunda característica apontada por eles não é menos importante. Pode ser resumida assim: **ser um casal unido, que divide responsabilidades e opiniões.** Compartilhar tarefas e não sobrecarregar apenas o pai ou a mãe parece fundamental para eles. É bem provável que eles hoje vivenciem algum desequilíbrio nessa divisão de tarefas. Mães que fazem muito e pais folgados, ou mães acomodadas e pais que dobram jornadas de trabalho. O que eles buscam é uma parceria do casal, a união nos seus comportamentos, atitudes e ideias.

Olhando para o que eles criticam nos modelos que têm em casa e para o que buscam para suas vidas, fico otimista com o futuro de nossos filhos. Se pelo menos parte desses planos não se perder pelo caminho, com certeza eles serão uma geração diferente de equilibristas. Menos estressados, mais equilibrados e mais felizes.

De certa forma, esse modelo de equilibrista se confirma ainda mais ao observarmos as fotos escolhidas pelas meninas para representar o que gostariam de ser com a idade de suas mães.

> **"Eu quero ser diferente dos meus pais. Quero ser um homem que ajude minha mulher para termos juntos uma família feliz".**
> Marcos, 19 anos, mãe trabalha fora

Elas querem trabalho, independência e família. Mas em nenhuma das seis primeiras fotos escolhidas aparece alguma atividade relacionada à casa. Cozinhar ou passar roupa estão fora das ambições das meninas! Aliás, passar roupa e ir ao supermercado (que aparecem quando elas mencionam a rotina das mães – leia na p. 33 e 34) são as últimas imagens escolhidas. E mais: elas querem ficar bonitas, como mostra a foto da mulher na academia. Bonitas, profissionais e mães! Enfim, equilibristas!

Contei à psicóloga Isabel Kahn que as adolescentes escolheram fotos mais conectadas ao universo profissional até mesmo ao associar imagens às mães. Ela comentou: "As meninas nessa fase querem se posicionar. Escolher uma foto mais 'ativa' para representar a mãe também é uma forma dela mesma, adolescente, se firmar como mulher e mostrar aquilo que está buscando para si. É uma forma de dizer 'Eu não quero estar no supermercado!'".

Embora a presença cada vez maior das equilibristas e as mudanças da sociedade apontem para novos caminhos, as crianças ainda estão muito ligadas a um imaginário perpetuado nos contos de fada. Isabel explica que a mãe representa segurança, cuidado, peito, alimentação. "O corpo da mulher, desde a gravidez, tem essa função de sustentar, dar afeto, cuidar. É da ordem do feminino, e isso é repassado mesmo entre as gerações." Segundo ela, o imaginário do homem é o do super-herói, da força. Quem sabe daqui a gerações a mulher será representada como heroína, e não só como a mulher-elástico da família Incrível, aquela que precisa ser muito flexível para resolver todas as suas atribuições?

Fotos mais escolhidas pelos meninos para representar o que eles gostariam de ser com a idade dos pais.

Considero o elenco de imagens desta página e da seguinte uma ótima notícia! Dá a entender que meninos e meninas buscam coisas parecidas. Com alguma diferença de prioridades,

eles também querem ser bonitos, independentes, ter família e um emprego bacana. Chama a atenção os meninos só colocarem uma imagem de trabalho a partir do 4º lugar (foto com o pai em pé à frente de uma mesa de reunião). Talvez para eles essa função já esteja definida, sem dúvidas, e por esse motivo não precisa figurar no topo da lista. E também reflete a busca de satisfação em primeiro lugar, em dedicar mais tempo às coisas que valorizem, como os esportes e o convívio com os filhos. Mas eles não abrem mão de serem vistos como fortes, a afirmação mais clássica do masculino (leia o boxe anterior).

Percebo essa foto do pai junto do filho também como uma espécie de novo comportamento da vida de equilibrista. Os homens, para além da necessidade, descobriram o prazer de estar junto das crianças, de acompanhar seu crescimento mais de perto e já passam esse modelo para os adolescentes de hoje. Homens públicos que abrem mais espaço na agenda para os filhos destacam-se como modelos. Quer alguém mais poderoso do que o presidente dos EUA, Barack Obama? Ele deixa suas atividades na Casa Branca quando deseja estar presente em ocasiões importantes da vida de suas filhas, como em um recital de flauta de Malia (11 anos) ou um jogo de futebol de Sasha (8 anos). "As atividades estão circuladas em vermelho no seu calendário e, independentemente do que estiver acontecendo, ele irá aos eventos das filhas", conta seu assessor, David Axelrod. No artigo "Exemplo Obama: um presidente que não perde de vista o seu papel de pai"[12], a jornalista Sheryl Gay Stolberg relata que ele faz um malabarismo descarado. Suspende o trabalho todos os dias às 18h para jantar com a família e só participa de atividades noturnas se forem após as 20h. A busca de Obama pelo equilíbrio, apesar das críticas que isso possa suscitar, também o torna modelo de pai dedicado à família. "De certa forma, o presidente de 48 anos reflete mudanças de atitude acerca da paternidade que são típicas de homens de sua geração", disse Ellen Galinsky, presidente da ONG Instituto Famílias e Trabalho. Pesquisas dessa ONG demonstram que 59% dos homens nos EUA relatam pelo menos algum conflito entre trabalho e vida pessoal. Em 1977, só 35% tinham essa queixa. As escolhas do presidente têm bastante significado. "Mesmo que ele seja uma pessoa com mais flexibilidade e autonomia por ser chefe supremo, também tem muito mais responsabilidade sobre seus ombros do que a maioria dos homens", conclui Galinsky. Fico feliz em perceber que, se até mesmo Obama está preocupado em repassar esta imagem de pai para o resto do mundo, realmente as próximas gerações de homens serão cada vez mais envolvidas com a vida familiar.

---

[12] A top model de vinil, *Época Negócios*, jan. 2010.

Negócio que se aprende em casa e na escola

Quem tem pais empreendedores também percebe um tipo de estilo de vida muito comum hoje entre as classes A e B (afinal, muitos homens e mulheres empreendem por necessidade e também por oportunidade). Quem é dono do próprio negócio costuma envolver as crianças em seu trabalho. Enquanto pais e filhos passam tempo juntos, acaba acontecendo uma educação precoce nos negócios, acredita Meg Cadoux Hirshberg, que escreve uma coluna sobre o impacto do empreendedorismo nas famílias na revista americana *Inc*. Embalar produtos após a escola ou contar o estoque aos finais de semana pode ser um ótimo primeiro emprego. Trabalhando junto a um dos pais, as crianças se sentem orgulhosas do negócio da família – "Ele é nosso! Estamos fazendo isso!" – e veem seus pais atuarem como líderes, responsáveis pela própria vida e pela de outras pessoas. A observação próxima do empreendedorismo também ajuda nas decisões das crianças em relação ao futuro. Algumas expandem seus horizontes quando percebem que podem construir algo sozinhas em vez de serem parte de uma empresa feita por outros. "Meu filho Ethan, de 19 anos, agora se interessa por empreender", relata Meg, que é casada com Gary Hirshberg, presidente e CEO da Stonyfield Yogurt. "O papai tem uma vida maneira", ele disse. "É bem ocupada e exige muito dele, mas ele tem uma ligação pessoal com o que faz." Já a filha de 17 anos diz que o modelo não é para ela. Algumas crianças acompanham a labuta, o estresse e o sacrifício e decidem que a vida de empreendedor não combina com o estilo deles. Assim como apurei se os jovens seguiriam ou não o modelo dos pais, neste caso americano (como em todos os parecidos entre pais empreendedores e seus filhos) existem sempre dois caminhos!

Mara Sampaio, psicóloga e especialista em cultura empreendedora, diz que "pais não podem construir o futuro de seus filhos. Mas podem contribuir para que eles cresçam com uma visão positiva da carreira empresarial"[13]. Segundo ela, a maioria das pessoas reproduz na vida profissional valores e atitudes herdados dos pais e avós. Um pai ou uma mãe podem ser um modelo positivo para que uma criança desenvolva a atitude empreendedora. Mara comenta que a melhor forma de ajudar o filho a ser um empreendedor bem-sucedido é demonstrar, na relação familiar, como sua escolha pelo empreendedorismo foi acertada, proporcionando tanto a sua realização profissional quanto a sua felicidade. Ou seja, esse conselho reforça totalmente o que apurei na pesquisa: os exemplos positivos têm muita chance de serem reproduzidos pelos filhos. E, considerando o novo comportamento dos jovens, que

---

[13] Em coluna no jornal *Brasil Econômico*, 9 fev. 2010.

inclui a busca por satisfação, significado e valores para a própria vida – além do desejo por mais dinheiro –, tornar-se empreendedor com certeza será uma escolha frequente para as próximas gerações.

Pensando nisso, muitas escolas também oferecem disciplinas e programas especiais de empreendedorismo, às vezes com a ajuda de consultorias especializadas. Uma empresa que organiza uma viagem com executivos de empresas para trabalhar habilidades e competências. A pedido da escola Pueri Domus, esse passeio foi adaptado para os alunos do 8º ano. "A ideia era que isso fosse apresentado ao jovem antes da escolha profissional, em um momento de autoconhecimento, em que pudesse ter consciência de sua potencialidade, seus pontos fortes e fracos. Seria também uma forma de reconhecer-se como responsável por suas conquistas e fracassos, sendo que aprenderia também a não encarar o fracasso como uma barreira", explica Rose Baxmann, coordenadora da unidade do colégio em Aldeia da Serra. Segundo ela, os resultados ficaram evidentes nos dois anos seguintes, em que um 9º ano havia feito a viagem e o outro não. "As diferenças entre os grupos eram gritantes: os que não haviam feito a viagem eram mais dependentes das ações de adultos, menos envolvidos em seus projetos, não corriam atrás dos seus objetivos." Um trabalho semelhante à viagem foi feito então com os professores, para que eles se tornassem facilitadores do desenvolvimento positivo desses jovens. Daí surgiram atividades nas aulas de tutoria e, depois, a disciplina de empreendedorismo do 8º ano. "Nele, o aluno monta um pequeno projeto em que se envolve mais como indivíduo. Não é apenas voltado a conquistas financeiras, mas o incentiva como ser social capaz de promover mudanças", relata a coordenadora, que acredita tanto nessa proposta que gostaria que as próprias filhas, hoje já formadas, tivessem passado pela experiência.

E agora, o que eu faço? Dicas de equilibrista VI

Ideias e dicas práticas do que podemos fazer para ajudar nossos filhos e a nós mesmos

1 Eles são mesmo ambiciosos e otimistas. Acreditam realmente que tudo dará certo. Cabe a nós, pais, não desmontar os castelinhos que eles constroem, mas estarmos por perto, ponderando as principais decisões da vida deles. Alertar para oportunidades e riscos é nossa função como pais.

2 Se de fato nossos filhos almejam uma vida mais equilibrada, com os casais dividindo papéis de forma mais equânime, é fundamental começarmos a desenvolver essas habilidades desde cedo. Acho isso ainda mais

relevante para pais de meninos. Nem sempre treinamos nossos filhos homens para serem bons donos de casa, por exemplo. Insistir com o menino para que, desde pequeno, lave a louça ou ajude a arrumar a mesa pode ser um ótimo começo.

3 Autonomia... essa é outra palavra de ordem em educação de filhos: desenvolver a autonomia. Mas há um aspecto bastante recorrente relacionado a isso. Muitos pais superprotegem seus filhos, de bebês a adultos. Guardadas as precauções necessárias, "baixar a guarda" é bem saudável para o desenvolvimento dos filhos, tenham eles 3 ou 13 anos. Afinal, como diz o ditado, "tropicão também leva para frente!".

CAPÍTULO 3

O FUTURO

EXERCÍCIO DE FUTURO

Sempre trabalhei ligada ao meio publicitário e de marketing, estudando comportamentos para que fossem geradas campanhas e estratégias para marcas. Já que costuma se basear em pesquisas e observações do mundo atual, considero a propaganda uma das manifestações mais fiéis da sociedade. Por isso, um bom jeito de ver como o futuro profissional dos nossos filhos está sendo antecipado é analisar as campanhas publicitárias que usam essa temática como fio condutor. Selecionei quatro exemplos, dois nacionais e dois estrangeiros, que expressam essa visão de futuro e chamaram-me a atenção. Todos são recentes.

Neste anúncio da empresa de consultoria e tecnologia Accenture, veiculado na revista feminina americana *PINK*, dirigida a mulheres profissionais, uma menina resolve uma equação complicadíssima na lousa. Embaixo dela o texto diz: "Accenture saúda os profissionais de alta *performance* da próxima geração". O texto complementar fala do compromisso da Accenture em desenvolver o talento de mais de 60 mil mulheres e que a companhia está preocupada em promover, cada vez mais, a liderança feminina nos negócios.

É uma clara demonstração de que a Accenture aposta que o público

EQUILIBRISTA

feminino vai continuar crescendo nas empresas. E, mais do que isso, de alguma forma mostra uma menina que já tem em sua cabeça qual vai ser seu futuro profissional. Pela sugestão da empresa, ela será uma das líderes do futuro.

Esta outra imagem é parte de um anúncio, veiculado em 2009 nas revistas brasileiras, de uma empresa de eventos. Nele também identifico claramente esse projeto de amanhã. E, nesse futuro, ambos irão trabalhar e já começaram a batalha no presente. Só que há uma diferença sutil no estágio em que eles chegarão. Ela será analista de sistemas, e ele, CEO de uma multinacional. Ou seja, é bem provável que ele será chefe dela. Fica aqui o registro de que algumas empresas que antecipam o futuro de nossos filhos ainda estão vendo esse viés de liderança masculina. Já é hora de mudar, certo?

Além disso, o mesmo anúncio traz um alerta para os pais: seu investimento atual irá garantir um futuro brilhante para seus filhos, pelo menos nesse mesmo cenário profissional. O anúncio sugere que trabalhemos para garantir o futuro de nossos filhos, o que, em parte, não deixa de ser uma verdade. Qual é o pai ou a mãe que não pensa em ver o filho bem profissionalmente? Nesse aspecto, o anúncio acerta em cheio.

No anúncio a seguir sobre os cursos de pós-graduação do Senac, parece-me que a mensagem segue um padrão bastante recorrente na comunicação das escolas de ensino

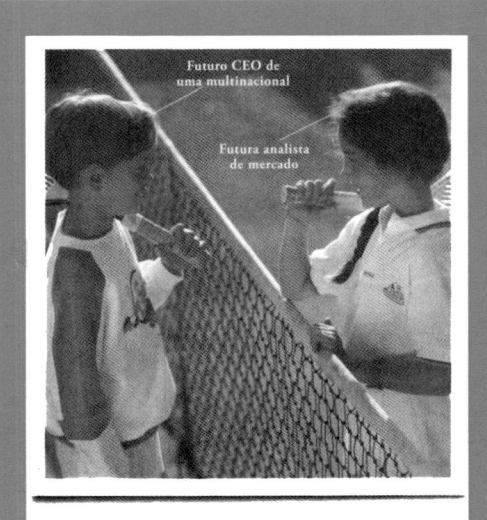

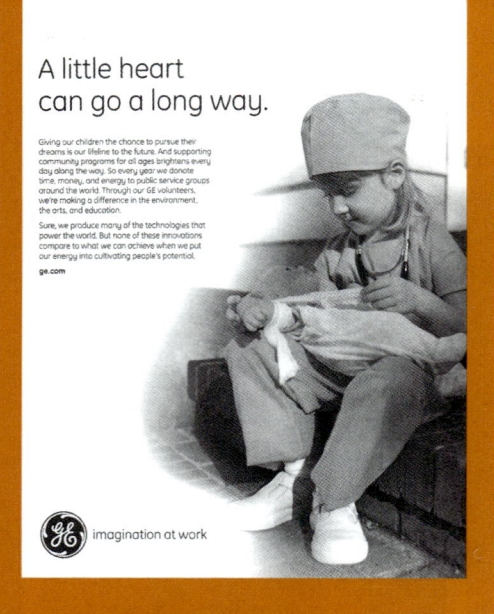

superior. A promessa é a de garantir um futuro brilhante para o aluno, fazendo uma menção direta ao sucesso que ele vai atingir. O *slogan* ajuda a completar esse quadro: "A gente faz diferente hoje para você fazer diferença amanhã". Nas imagens, jovens bem-sucedidos, bonitos e sorridentes, claramente representando o ideal de muitos jovens da atual geração.

Também com esse olhar para o futuro, o anúncio americano da GE traz uma menina vestida de médica, cuidando de um bebê. O título diz: "Um pequeno coração pode seguir um longo caminho". A proposta da comunicação é falar da tecnologia da GE em equipamentos de saúde; o apelo com base na vida futura das crianças é o gancho para expressar a atenção ao presente. O texto fala algo como "dando às nossas crianças a chance de perseguirem seus sonhos". Não por acaso, o sonho que eles mostram está revelando a vida profissional e, em certo sentido, também a pessoal. No anúncio a menina simula ser uma médica pediatra, cuidando do bebê. Mas ter um bebê no colo é também um forte indicador do sonho da maternidade, do cuidar, do proteger. Vale como um bom exemplo de projeto de futuro que consegue integrar o trabalho e a maternidade.

Mas o mais interessante foi justamente o que não encontrei. Mesmo após uma análise cuidadosa que fiz de centenas de anúncios dirigidos a crianças e jovens, não esbarrei em um exemplo sequer que apontasse a menina sonhando em ser dona de casa. Todos os sonhos e aspirações recaem sobre a vida profissional. Quando não é a carreira, surge também o sonho da maternidade ou da paternidade. Projetos e propostas que vislumbram o futuro do jovem no papel de pai ou mãe. Mas nada de dona de casa ou, menos ainda, dono de casa. Ser "só" isso virou coisa do passado.

Na esteira dessa grande mudança, porém, permanece um ponto, conforme ressalta María Rosas, autora do livro *Mães que trabalham fora, cuidado com a culpa*: as relações afetivas continuam fortalecendo a essência da família[14]. "A vida da mulher mudou e transformou o conceito tradicional de família. O núcleo familiar continua sendo o principal apoio do desenvolvimento da criança, mas existe uma readaptação de todos os membros dessa instituição e as mulheres já não podem, nem querem, continuar representando o papel tradicional." O fato de nenhuma menina dar bola para a carreira de "dona de casa" é uma boa prova disso, e, a cada ano, percebemos que esse papel tradicional fica mais para trás. Se até mesmo nas escolas as meninas são tão incentivadas a seguir carreira quanto os meninos, por que abrir mão da vida profissional? Aliás, é o que observa Marina Muniz Nunes, orientadora do 3º ano do Ensino Médio do Colégio Santa Cruz, em São Paulo: "Meninos e meninas fazem projetos de futuro bem parecidos. Nenhuma garota pensa em ser dona de casa. Fazer faculdade e ter uma vida profissional é uma continuação natural da vida escolar para nossos alunos". Vale notar que a educação costuma se adequar às exigências e demandas do mercado de trabalho, principalmente nas escolas particulares de classe AB. O rearranjo familiar também influencia o futuro dos pais, que hoje precisam auxiliar em casa e se fazem mais presentes na vida dos filhos, pois descobriram que vale a pena se envolver. O aumento do número de homens nas reuniões de colégio é uma prova disso. Os papéis na família estão sendo redistribuídos. E isso é bom! Mais uma vez Marina Muniz Nunes confirma esse fato: "a demanda espontânea é mais das mães. Mas vejo que os pais têm mais curiosidade em saber sobre a escola nesta época do Ensino Médio, pois nela os filhos enfrentam as questões de carreira. Os pais fazem projeções antecipadas sobre o futuro dos filhos. Parece que nessa fase o pai sente que chegou a hora de ele estar mais perto do jovem e acompanhar suas decisões".

O livro *Megatendências para as mulheres*[15], de Patricia Aburdene e John Naisbitt, relata que a família tradicional – a mãe que cuida do lar, o pai

---

[14] São Paulo: Cengage Learning, 2009.
[15] Rio de Janeiro: Rosa dos Tempos, 1993.

provedor e os filhos – representa na atualidade apenas 10% dos lares. Há múltiplas opções familiares, e não existe uma fórmula a ser seguida. Cada núcleo recorre a uma solução, mas a maioria das mulheres trabalha em período integral. "Os pais desejam ter tempo livre para estar com a família; as mães que se sentem suficientemente seguras em sua carreira e que podem e desejam fazê-lo suspendem o trabalho durante alguns anos; algumas empresas grandes e pequenas reagiram de forma positiva e criativa diante das necessidades da família. É perceptível a participação dos pais. Desse modo, há um acúmulo de fatos que demonstram que os filhos de mães que trabalham se desenvolvem tão bem, ou melhor, que os das mães que permanecem em casa. A família começa a entrar em uma nova era de estabilidade", afirma Naisbitt.

Mesmo que tudo pareça estar diferente – afinal, a sociedade passa por mudanças cada vez mais velozes e transformadoras, basta olhar para o século XX e o atual –, as carências humanas continuam iguais. Sabemos que a família é a célula básica do desenvolvimento psicológico, social e emocional do homem, por isso as necessidades afetivas, de atenção ou de comunicação entre seus membros continuam as mesmas desde os primórdios. Ela serve de esteio para que as pessoas se adaptem às condições do meio e às transformações sociais. "Eu acho o ambiente domiciliar fundamental para essa vida futura das crianças, isso é comprovado até cientificamente", reforça o pediatra Claudio Len, que cresceu em uma família de pediatras e clinica em São Paulo. "Mesmo que os pais estejam separados, porque o casamento não deu certo, se o casal for inteligente vai conseguir manter estáveis os laços familiares", completa. Segundo o doutor Len, não há dúvida de que o equilíbrio influencia na vida dos filhos. O exemplo e a base adquiridos na família têm mais importância que o fato de ter uma mãe profissional ou dona de casa. "Cuidar da família atualmente tem um sentido mais amplo para os homens, não é só prover economicamente", ressalta o pediatra. Ele mesmo diz que trabalha bastante, mas todos os dias toma café com a mulher e os três filhos e leva o mais velho à faculdade antes de seguir para o consultório. Também não abre mão das sagradas férias em conjunto.

Acredito que os filhos sintam, de fato, falta da proximidade não só da mãe como do pai. Não são poucos os profissionais que trabalham fora de sua cidade durante a semana, e durante o fim de semana os filhos não "desgrudam" deles. Conheço uma família paulista cuja mãe saiu da empresa para trabalhar em casa como editora e jornalista *freelance*, e o pai, alguns meses depois, aceitou um novo desafio profissional em Curitiba. Ela se ocupa mais dos meninos durante a semana, e ele compensa aos sábados e domingos, inclusive concordando que ela trabalhe algumas horas no sábado para dar conta de entregar suas matérias. Creio que existam milhares de exemplos como esse e que cada família acabe descobrindo o seu equilíbrio único. Engrosso o coro de mulheres que tendem a acreditar que crianças saudáveis, felizes e satisfeitas evoluirão, naturalmente, para adultos bem resolvidos. Isso mesmo que elas tenham de se privar da atenção integral da mãe... Muitas vezes, ter de se virar ou se tornar independente mais cedo pode ser um ganho de maturidade, como neste exemplo relatado por uma amiga (veja boxe).

Mudanças a caminho

Para antecipar como será a vida das equilibristas na próxima geração, é importante entender como crianças e jovens estão sendo preparados e como se comportam em relação às novas demandas da sociedade, como o uso de tecnologia e de novas mídias. Já existe uma diferença gritante no que diz respeito a esse item. Basta observar que muitas mães de hoje têm mais de 30 anos e são consideradas imigrantes digitais, ou seja, tiveram de se adaptar ao computador e depois ao celular, *smartphone* etc. Os nativos digitais nasceram quando o computador já existia, a partir da década de 1980. E eles devem ser 80% da população economicamente ativa em 2020. Segundo o caderno Link

Os mais adaptados sobrevivem!

Outro dia, conversando com uma amiga que é separada do marido, fiquei ainda mais convencida de que nossos filhos têm uma capacidade incrível de se adaptar à realidade em que vivem, muito mais até do que imaginamos. Ela me contava que, por trabalhar bastante e não ter apoio do pai das crianças diariamente, reuniu os meninos e conversou com eles sobre sua agenda profissional exigente, com muitas horas fora de casa, e disse que precisaria do apoio dos garotos. Eles entenderam o recado e assumiram a missão com afinco. Nesta conversa com minha amiga, ela dizia como estava orgulhosa dos filhos, da disposição do mais velho em ajudar o menor nas tarefas de casa e da maturidade do menor em aceitar a ajuda do irmão. Orgulhava-se dos acordos que eles tinham criado para dividir as responsabilidades da casa no período em que a mãe não estava presente. Sentiu que eles não questionavam sua ausência, mas buscavam a melhor forma de lidar com esse fato. Claro que, nos momentos de folga e nos fins de semana, essa mãe compensava com muitas horas exclusivas para os meninos.

do jornal *O Estado de S. Paulo*, não é exagero dizer que essa geração que já nasceu familiarizada com o ciberespaço moldará a sociedade do futuro. Segundo o Ibope, 29% dos brasileiros urbanos entre 10 e 17 anos preferem conversar pela internet. Para 45% deles, Orkut e Facebook são parte da rotina. "A tecnologia não é só parte do cotidiano, mas integra a biologia dos jovens. Isso parece explicar por que eles já nascem sabendo manipular e viver com essas máquinas que estão ficando cada vez mais sutis", diz a pesquisadora Lúcia Santaella[16].

Em contrapartida, o uso da tecnologia, como qualquer outro comportamento excessivo, também pode levar ao vício. Tanto isso é verdade que na Inglaterra já foi cunhada a expressão *screenager*, que se refere aos adolescentes que não saem mais da frente do computador e só se relacionam com os outros por meio de redes sociais e correio eletrônico. Mesmo diante desses percalços, a tecnologia atua como facilitadora de uma série de processos, seja no mundo do trabalho, da escola ou da vida pessoal. Sem dúvida, essa geração de equilibristas digitais usará todos os recursos disponíveis para equilibrar melhor seus pratinhos no futuro.

Tenho lido diversas pesquisas e reportagens que dão conta do aumento da liderança da mulher em vários aspectos da sociedade, e acredito que seja esse o grande motor das transformações para as próximas décadas. Os números não mentem. Segundo o Retrato da Desigualdade de Gênero e Raça, traçado pelo Ipea com dados colhidos entre 1993 e 2007, no Brasil as casas lideradas por mulheres passaram de 20% para 33%. Isso significa que, em 2007, quase 20 milhões de famílias eram chefiadas por uma mulher. Elas serão cerca de 40 milhões em 2028! Aliás, vale notar que desde 2001 o IBGE substituiu a expressão "chefe de família", ligada tradicionalmente à figura do homem provedor, por "principal responsável". A socióloga Ana Lúcia Sabóia, chefe de indicadores sociais do IBGE, acredita que os entrevistados relacionam a expressão a três aspectos: à principal fonte de renda; quem exerce maior autoridade; quem responde pelas tarefas domésticas e cuidados com os membros da família[17].

Um artigo da revista *Claudia*[18] discute a educação brasileira em relação direta com a condição feminina. Segundo a matéria, os especialistas preveem uma revolução na qualidade de aprendizagem das crianças nos próximos anos e alegam que as mães serão as grandes responsáveis por essa mudança. O progresso é consequência de gerações de mulheres cada vez mais escolarizadas,

---

[16] A geração que desenha nosso futuro. *O Estado de S. Paulo*, 12 out. 2009. Link.
[17] Uma nova ordem no lar. *Claudia*, dez. 2008.
[18] A revolução das mães de amanhã. *Claudia*, jan. 2010.

que estão se tornando mães. A faixa de mulheres com idade entre 20 e 24 anos está prestes a completar dez anos de estudo, em média, mais do que qualquer outro grupo etário pesquisado. Os homens da mesma faixa etária estudaram nove anos, em média (dados da PNAD – Pesquisa Nacional por Amostragem de Domicílios, 2008). "Desde os anos 1980, todas as pesquisas mostram que a escolaridade das mulheres faz muita diferença para o desenvolvimento cognitivo e emocional das crianças", explica Maria Helena Guimarães Castro, ex-secretária da Educação de São Paulo e pesquisadora do Núcleo de Estudos de Políticas Públicas da Unicamp. "As mães são a figura adulta de referência preferencial dos filhos. Quanto à participação no acompanhamento escolar e de estudos dos filhos, as mães mostram-se incomparavelmente mais presentes do que os pais", relata o sociólogo Márcio da Costa, especialista em qualidade do ensino.

No Brasil de 2009, as mulheres já eram maioria na população, no ensino superior e na força de trabalho. Nos postos de liderança, de 1997 a 2008, o índice subiu de 11% para 33%. Nas dez empresas consideradas as melhores para se trabalhar no país, metade dos cargos de liderança são ocupados por mulheres, segundo a Great Place to Work. A vice-presidente do Núcleo de Estudos do Futuro da PUC-SP, Rosa Alegria, presidente da consultoria Perspektiva, acredita que o cenário para as jovens é bem mais promissor que o encontrado por suas mães. "Será um mundo mais acolhedor, porque elas terão construído, ao longo da carreira, um novo estilo de comando." Rosa representa o Brasil no Millennia 2015, pesquisa colaborativa internacional que fará projeções sobre o *status* das mulheres em 2025 e sua atuação nas transformações globais. "A tendência é as empresas contratarem mais, mas as jovens não vão querer replicar o atual modelo patriarcal, que as impede de viver os papéis de mãe, esposa e cidadã", afirma Rosa[19].

As mulheres também estão surpreendendo como força no consumo. E isso é reflexo de aumento de salário. De acordo com o Boston Consulting Group, a massa salarial feminina mundial cresceu em média 8% ao ano desde 2003, contra 6% de aumento nos ganhos dos homens. Segundo o IBGE, entre 2003 e 2008, o salário das brasileiras avançou quase o dobro da remuneração dos homens. Se misturarmos os ingredientes de mais escolaridade, avanço nos postos de liderança e aumento de salário, fica claro por que elas são as grandes responsáveis por injetar mais dinheiro na economia. Dos 18,4 trilhões de dólares destinados ao consumo no mundo, 12 trilhões foram gastos pelas mulheres – quase o PIB americano, como mediu o BCG.

---

[19] O futuro é delas. *O Estado de S. Paulo*, 28 set. 2009.

E o que isso tem a ver com nossos filhos e as futuras gerações? Eles passarão a achar normal esta nova ordem, em que as mulheres não são apenas coadjuvantes, mas líderes em vários aspectos. E, para que isso se perpetue, mais e mais gerações de equilibristas precisarão facilitar a administração de todos os seus pratinhos!

Já que o equilibrismo será o padrão daqui para frente, resta à mulher equacionar melhor a sua vida. Naturalmente, surgirão mais opções para ajudá-la. A sociedade será mais estruturada, com ofertas de serviços para atender a esta mãe e profissional que não pode perder tempo com supérfluos. Se hoje já é possível fazer o supermercado on-line, quem sabe no futuro haverá um "sem parar" nas grandes lojas, que permita ler automaticamente todos os códigos de barras de uma só vez e creditar os valores em um cartão de crédito previamente autorizado? As escolas providenciarão tecnologia suficiente para amparar o estudo a distância pensando na mulher que sonha em seguir com o MBA ou a especialização durante a licença-maternidade. Os problemas de hoje serão superados no futuro. O aparato tecnológico trabalhará em favor de nossas necessidades. Ou por que vocês acham que as roupas são de qualidade superior e tecidos mais práticos nos EUA e na Europa? Para economizar o tempo de passá-las e porque a mão de obra (leia-se empregadas domésticas) é caríssima.

Vale refletir um pouco sobre essa questão das facilidades nos países desenvolvidos. Lá os direitos e as responsabilidades de homens e mulheres em relação à família estão mais equalizados. Conheço dezenas de mulheres profissionais nos EUA e percebo a divisão mais harmônica nos casais. Ambos trabalham, cuidam da casa e dos filhos. O Estado se encarrega do transporte escolar para que todos possam chegar no horário ao local de trabalho. Mesmo que todos trabalhem bastante ou de forma intensa, as empresas também respeitam os horários e, no final da tarde, a família toda se encontra para preparar e saborear o jantar. Claro que altos executivos voltam a se dedicar aos negócios, mas o fazem de casa, com ajuda do laptop e da internet. Também há muitas mães que conseguem empregos de meio período – algo que ainda não faz parte da nossa cultura, mas que é a realidade de muitas profissionais liberais. Tecnologias de videoconferência que permitem o compromisso mas não exigem a presença física ainda não acontecem em todas as empresas no Brasil, mas devem crescer por aqui, pois esta será uma demanda natural das lideranças femininas. E, por que não dizer, das masculinas também?

Creio que fatores ambientais também devem provocar mudanças nesse aspecto, já que a busca pela economia de energia pode gerar comportamentos diferentes dos que existem hoje. Será sustentável consumir demais ou fazer tantos deslocamentos? A sociedade se reorganizará de outra forma. As escolas podem ser o motor dessas mudanças, com medidas simples – desde o reaproveitamento de livros e uniformes para refrear o consumo desnecessário até o incentivo ao transporte escolar a fim de poupar combustíveis fósseis. De qualquer maneira, tudo isso terá impacto sobre a vida e a rotina das famílias de amanhã. E, graças a um relacionamento mais aberto entre pais e filhos, as crianças também serão uma grande influência no comportamento familiar. O núcleo deve funcionar como uma equipe, um verdadeiro time de equilibristas, no qual cabe a todos colaborar uns com os outros para que a vida seja mais fácil e mais harmônica.

Entre pais e filhos

Os pais de hoje estão descobrindo o prazer da paternidade e, assim, ensinam seus filhos a demonstrar afeto e a desfrutar da alegria do convívio. Isso será de grande influência nas próximas gerações. "Podemos falar de um 'novo pai', comprometido com os cuidados e a criação dos filhos", diz María Rosas, autora de *Mães que trabalham fora, cuidado com a culpa*. "A partir da década de 1970 surgiu uma nova imagem paterna, na qual o pai ocupa um importante espaço na vida das crianças. Isso é fortalecido ainda mais pela incorporação de milhares de mulheres à população economicamente ativa e porque os homens estão decididos a participar da criação de seus filhos", observa a escritora.

Nos Estados Unidos e na Europa já faz tempo que o auxílio dos homens nas tarefas da casa e na rotina com os filhos se tornou indispensável. E como há muitos chefes de família mulheres no mundo todo (no Brasil são mais de 1/3 das famílias), também existe um novo personagem: o dono de casa. Só na Inglaterra há cerca de 200 mil homens que cuidam dos filhos e das tarefas domésticas enquanto as esposas saem para trabalhar[20]. Para as equilibristas do Brasil atual, o fardo ainda é bem pesado, pois a responsabilidade familiar em geral recai sobre a mulher, até mesmo quando o marido está desempregado! Mas tenho certeza de que as novas gerações de brasileiras vão cobrar mais dos seus maridos. Além disso, os meninos que estão sendo criados agora já crescerão mais conscientes de que devem equilibrar melhor seu lado profissional e o pessoal. Será uma questão de sustentabilidade nas relações. E os pais da geração Y, focados na experiência, vão querer perder a chance de se envolver intensamente na vida dos filhos? Mesmo após várias conquistas nos estudos e nos negócios, não abrirão mão da paternidade dedicada.

---

[20] Dados da revista *Veja* Especial Mulher (jun. 2010) em matéria sobre trabalho e maternidade.

Tanto homens quanto mulheres terão de equacionar melhor o tempo para a profissão e o tempo para a família, e isso passa por uma revisão de conceitos: para que trabalhar e ganhar tanto se não sobra tempo suficiente para usufruir do que é conquistado? A simplicidade pode ser um desafio ou uma forte aliada. Provavelmente, a opção por ela será tão valorizada quanto o anseio por fama e dinheiro dos *yuppies* dos anos 1980.

Além de perseguir o conforto material a qualquer custo (coisa que pode não ser prioridade das próximas gerações), os pais de hoje precisam se liberar de outro vício: o de preocupar-se excessivamente com o futuro de seus filhos, deixando de vivenciar e desfrutar o presente. Essa visão foi muito bem retratada em um dos textos da educadora Rosely Sayão, no qual ela compara o turista – aquele que viaja por diversão e como modo de chegar a seu destino, eleito por curiosidade ou influência do mercado do lazer – e o peregrino – que escolhe viajar em busca de algo para dar sentido à sua vida, metáfora utilizada pelo pensador contemporâneo Zygmunt Bauman e que Rosely aproveita para retratar pais e mães da atualidade.

"Hoje, mal um filho nasce e os pais já se preocupam com o fim de sua jornada, que equivale a entregar o filho ao mundo para que ele viva por conta própria e com autonomia. Desse modo, pais de crianças muito pequenas procuram escolas que as preparem para o vestibular e o Enem, enchem seus filhos de atividades que os ajudem a enfrentar o futuro mercado de trabalho, programam com antecedência e em pormenores sua vida para realizar tudo o que planejaram para o filho. Pais de crianças que resistem – por seu modo de ser – a tais planos frustram-se, sentem-se fracassados, usam de muitos artifícios para tentar resgatar o caminho originalmente traçado ou desistem precocemente de sua viagem. Preparar o filho para o futuro tornou-se, por força das pressões externas, missão mais importante do que conhecer e ouvir o filho, estar com ele, construir um vínculo afetivo. Essa imagem é muito parecida com a do turista, não? Há pais que não pensam no fim de sua jornada a não ser quando constatam que ela terminou. Sabem que seu trajeto será longo e árduo, não têm pressa, encaram as vicissitudes como parte da caminhada, ligam-se mais ao filho que têm do que àquele que ele será. Esse modo de se relacionar com a paternidade tem mais relação com a imagem do peregrino, portanto. É possível escolher ser mais peregrino na vida com os filhos do que turista, mesmo com as influências que sofremos. Para isso, entretanto, é preciso refletir e resistir a muitas pressões do mundo em que vivemos."[21]

---

[21] O turista e o peregrino, de Rosely Sayão, publicado na *Folha Equilíbrio/FSP*, 29 out. 2009.

O religioso Roberto Baptista, que acompanha centenas de crianças todos os anos na Semana da Alegria, atividade de férias de uma igreja em São Paulo, é aliado da ideia de Rosely: "Quando falamos sobre a criança como futuro de qualquer coisa, nós estamos negligenciando a fase atual de suas vidas. E, na verdade, estamos preocupados com o nosso mundo adulto". O que ele busca é o resgate da infância como ela é. "Amamos as crianças que encontramos em nosso caminho. Amamos porque o amor é presente. O presente é mais importante do que o futuro, pois o futuro depende do dia de hoje." Essa frase me revela uma grande lição: mesmo preocupados com o futuro, devemos procurar compreender a fase atual da vida de nossos filhos. É o melhor que podemos fazer enquanto pais.

Exemplo e renovação

"Tenho 19 anos e, desde os 15, sei o que é ter ambos os pais trabalhando fora de casa todos os dias. No começo, a sensação foi um pouco estranha, mas tive logo que me acostumar com a situação, pois sabia que eles precisavam sustentar nosso lar. Minha irmã, por ser mais nova do que eu, foi menos compreensiva com meus pais e ficou muito triste. Entretanto, depois de um tempo, ela percebeu que, para ter certas coisas que ela queria, seria necessário que os dois trabalhassem até tarde.

Agora que sou maior de idade e tirei minha carteira de motorista, fiquei mais independente e posso fazer coisas que antigamente dependiam da vontade e da disponibilidade de tempo dos meus pais. Enquanto minha locomoção estava à custa deles, muitas vezes deixei de ir a certos lugares e fazer coisas de que gosto, pois não tinha quem me levar. Porém, agora tudo ficou diferente.

Por mais que me orgulhe deles, não sei se essa é a vida que eu quero levar. Trabalhar, sim. Se eu pudesse, gostaria de não ter de chegar tão tarde do trabalho para poder passar mais tempo com meus filhos e minha esposa. Acredito que passando mais tempo em casa seja possível construir uma relação mais próxima e forte com minha família, deixando claro que, ao chegar em casa, minha atenção estará toda voltada a eles. Além disso, acho essencial ter tempo para cuidar de mim, seja praticando esportes ou escutando música.

Mas há um bom motivo pelo qual gosto de ver meus pais trabalhando: eles me ensinam que é sempre muito importante ter algo pelo que lutar. No futuro, espero poder proporcionar à minha família toda a educação e felicidade que eles me deram."

Texto escrito por Alexandre, 19 anos, paulista, relatando sua experiência de ter pais que trabalham fora.

E agora, o que eu faço? Dicas de equilibrista VII

Ideias e dicas práticas do que podemos fazer para ajudar
nossos filhos e a nós mesmos

1 Viver o presente dos nossos filhos. Muitos pais jogam tudo para o futuro e se esquecem de curtir o prazer da convivência com os filhos hoje. Claro que olhar para frente é importante quando falamos de educação, mas viver o agora com eles também é fundamental. É batido dizer, mas muito verdadeiro: estes tempos não voltam mais.

2 Pais e mães nem sempre pensam na mesma direção quando o assunto é a educação dos filhos. Um acha que o bom é a escola "forte", o outro é a favor da escola "inspiradora". Conflitos são inevitáveis, mas devemos tentar alinhar apenas um discurso diante dos filhos, acertar as arestas antes de expor as posições a eles. Não é tão fácil, mas vale o alerta.

3 Não precisamos antecipar o futuro de nossos filhos. Muitas vezes, ansiosos para que eles se tornem adultos bem-sucedidos, recheamos a agenda deles de atividades: inglês, música, esportes, Kumon, teatro... Calma! Em vez de gerar filhos de sucesso, com toda essa infinidade de tarefas, é possível que geremos filhos estressados!

4 Qualquer que seja o modelo de família equilibrista que você adote ou que seu filho irá adotar, mesmo que você não consiga prever o futuro ou mesmo imaginá-lo, ele só terá vontade de formar uma família se as relações entre pais e filhos na família atual forem harmônicas, com laços fortes, cumplicidade, respeito e amizade. Esse é o maior incentivo que você pode dar para um futuro mais equilibrado.

5 Incentive o pai a participar da vida escolar dos filhos e de decisões sobre a educação, pois ele serve como modelo para os meninos, que serão futuros pais equilibristas (e também para as meninas dos casais equilibristas).

6 Por fim, use e abuse! Aproveite que seu filho é um nativo digital e peça sua ajuda para algumas tarefas que não são tão naturais para você, como configurar um novo celular ou baixar programas específicos na internet. Além de se colocar em uma posição de aprendiz, você estabelece uma relação de camaradagem, com pouca hierarquia e que pode ser muito benéfica.

Olhando para frente

Falar de nossos filhos nunca é uma tarefa fácil. Ao relatar as histórias expressas neste livro, confesso que me embaralho entre retratar as crianças e jovens em geral e pensar nos meus próprios filhos. Sou escritora e mãe ao mesmo tempo. Tudo se mistura e se confunde, mas, por outro lado, enriquece o meu olhar. Enquanto escrevia, em algumas horas achava que a rotina, o comportamento ou a atitude de meu marido e a minha em relação a nossos filhos apontavam para a direção correta. Em outros momentos, eu me criticava e achava que ainda faltava aparar muitas arestas. Tive altos e baixos em minha própria autoavaliação de mãe que trabalha fora e concilia múltiplos pratinhos. Refletindo um pouco mais, vejo que educar filhos é isso mesmo: oscilar entre grandes certezas e enormes dúvidas. E olha que, às vezes, todas elas teimam em se concentrar nas mesmas 24 horas! Não é diferente quando penso sobre como o casal equilibrista atual – com pai e mãe trabalhando fora de casa – está lidando com a educação dos filhos. Tudo é novo, para os pais e para os filhos. A geração da qual eu faço parte, em geral, não teve modelos de pai e mãe que trabalhavam fora. Incluo-me nessa geração que está aprendendo a desenvolver um novo modelo de paternidade e maternidade, que estreou com o "bê-á-bá" dos pais equilibristas. Fica claro que estamos ensaiando com eles uma nova história. Obviamente os pais desta geração desejam proporcionar uma história com final feliz e empenham-se ao máximo para isso. Nossos filhos são as cobaias, feliz ou infelizmente. Ainda vacilamos em coisas primárias, como o eterno dilema da qualidade *versus* a quantidade das horas dedicadas a eles. Será que bastam boas horas com os filhos mesmo que seja um tempo reduzido durante a semana? Não sei. Será que esse corre-corre em que vivemos os inspira de forma positiva ou negativa? Tenho dúvidas. Será que oferecer múltiplas atividades e experiências a nossos filhos é um bem que fazemos a eles ou apenas uma sobrecarga baseada em nossas expectativas para eles no futuro? Também vacilo para responder...

Vivemos um momento de profunda transformação social. Quase tudo o que sabíamos ou as certezas que tínhamos estão sendo questionadas. Algumas permanecerão, outras se extinguirão. A velocidade dessas transformações é muito acelerada, o ritmo ditado é frenético e nem sempre conseguimos acompanhá-lo. Na nova ordem contemporânea – já vivida por nossos filhos –, integração, equilíbrio e qualidade de vida são palavras-chave. Todos perseguem a integração de papéis, com pai e mãe dividindo responsabilidades sobre os filhos, o equilíbrio entre família, trabalho e lazer e uma qualidade de vida aceitável. Na teoria, essa tríade "trabalho – família – lazer" parece fácil, mas as metas estipuladas por nossos filhos são ambiciosas, embora, a meu ver, muito positivas. Eles vivem em um contexto de economia nacional estável e livre de inflação galopante, o que aponta estabilidade suficiente para garantir sonhos de longo prazo. Certamente eles confiam muito mais no futuro do que nós. Os projetos deles estão aí para serem conquistados, e não apenas para serem contemplados.

Relembro a história de Ricardo – 13 anos, de classe média alta, estudante de uma escola de elite paulistana –, que, na minha opinião, traduz um sentimento presente em muitos garotos e garotas da mesma idade. Ele fez uma viagem com a escola, nos mesmos moldes daquela retratada pela orientadora Rose Baxmann na p. 94 deste livro. Lá foi pedido aos adolescentes, todos com 13 anos, que pensassem em metas SMART (trata-se de uma técnica desenvolvida para estimular os jovens a pensar em seus projetos de futuro). Nesse exercício, as metas apontadas refletem vários aspectos relacionados a essa visão mais ambiciosa de futuro vivida por muitas crianças e jovens. Ricardo preencheu assim sua atividade SMART:

"**Minha meta é:** entrar em uma universidade americana, em Harvard. **Quero alcançá-la porque:** lá vou desenvolver minhas habilidades e vou ter uma boa vida pela frente. Escolhi Harvard porque desde criança sempre quis estudar em Harvard. Acho uma universidade excepcional e dentro de mim acho que consigo passar nessa universidade. Acho também que meus pais ficariam orgulhosos de mim. **Para alcançá-la eu vou:** me esforçar muito durante este ano, estudar todos os dias, fazer atividades extras para me informar sobre várias coisas, me dedicar aos estudos e às aulas o máximo possível."

Ricardo tem um sonho e traça metas para alcançá-lo. Atente para o fato de que não é um sonho qualquer. Harvard é para pouquíssimos! Essa é definitivamente uma geração que sonha grande: os jovens querem ser ricos, ter uma família equilibrada e curtir a vida, sem dúvida. Não acho que estudando em Harvard sobrará muito tempo para curtir a vida, mas para conferir isso Ricardo terá de chegar lá e buscar sua própria fórmula de equilíbrio.

Outra história maravilhosa que vivi junto com meu marido também merece ser contada. Fomos à Fundação Getulio Vargas (FGV), em São Paulo, falar a uma turma de graduação em Administração de Empresas sobre nossa profissão, como especialistas em consumidores e gestão de marcas. No momento em que meu marido falava sobre como era a profissão, quais os desafios e as oportunidades, do meio da classe uma aluna perguntou de supetão: "Jaime, você é rico?". Questão mais direta, impossível! Por isso lembro-me até hoje do nome da estudante: Rebecca. Ela não queria saber como era ingressar na profissão ou quais seus principais desafios. O interesse pela possível carreira começaria a partir de uma resposta afirmativa do meu marido para a pergunta. Se ele se declarasse rico, este seria um bom indício para ela começar a se interessar pela profissão. O resto viria depois. Inesquecível esta história!

Mas nem sempre as coisas foram como na geração de nossos filhos, dos "Ricardos" e "Rebeccas". Sem nenhuma pretensão de fazer um panorama da história, arrisco-me a sugerir três momentos claros nesse processo de transformação social. As pessoas nascidas antes de 1960 foram as grandes responsáveis pela luta dos direitos iguais entre homens e mulheres e pela entrada das mulheres no mercado de trabalho. Foi a geração **"abre-alas"**. A minha geração, nascida após os anos 1960, já chegou com esses espaços semiabertos e precisou dedicar horas infinitas para provar que as mulheres se equiparavam aos homens em termos de habilidade profissional. Foi uma geração que estudou mais, trabalhou muitas horas, descuidou um pouco da família e viveu num ritmo alucinante. Foi a era dos *yuppies* nova-iorquinos e dos *workaholics*. Como subproduto, alguns viveram uma vida sedentária, com ganho de peso, forte estresse e muita culpa. Aliás, creio que essa geração, na qual me incluo, seja a geração da **"culpa"**. Sentimo-nos culpados por muitas coisas: por estar menos horas com os filhos do que gostaríamos, por descuidar dos relacionamentos, por tratar mal nossos corpos.

E aí chegam nossos filhos: a geração que mais recebeu nomes em toda a história. Numa pequena busca, levantei dezenas de denominações: geração X; geração Y; geração Z (de *zapping*); geração *fast-food*, geração Coca-Cola; geração digital; geração do consumo... Para mim, esta é a geração de **"nossos filhos"** e por isso merece toda a atenção!

A motivação que me fez escrever este livro nasceu disso. Quis colocar um holofote sobre o modo como nossos filhos nos veem, como eles internalizam essas "experiências" e de que modo estamos, junto com eles, construindo seus projetos de futuro. Cabe aqui um parêntese para explorar a palavra **experiência**.

Podem reparar como hoje muitas das coisas vividas por nossos filhos são **experiências de vida**. As escolas falam de **viver experiências**, os pais recomendam que eles **ganhem experiência**, e eles, antes mesmo da adolescência, dizem que precisam **viver muitas experiências**. Aliás, tendo a achar que de fato essas experiências são boas, seja um intercâmbio internacional, um acampamento de férias, uma semana numa comunidade amazônica ou passar a noite na casa do amiguinho. Elas valem como treino de vida.

Queria dividir aqui algumas constatações relacionadas a nossos filhos e também algumas dicas de como gerenciar melhor nossa vida de pais equilibristas e a relação com essa nova geração. Resolvi começar resumindo, em doze tópicos, o que aprendi analisando as crianças e os jovens ao longo da preparação deste livro.

1. Se dar bem!
Esse é o mote desta geração, seu propósito de vida e sua causa maior. "Se dar bem" é ter um padrão de vida razoável, uma família e, se possível, algum sucesso e projeção. Não é à toa que as celebridades são tão cultuadas. Algumas reúnem a tríade do desejo: beleza, riqueza e poder. Gisele Bündchen e Kaká estão aí para não me desmentir.

2. "Eu tomo uma Coca-Cola, ela pensa em casamento"
Apesar dos projetos ambiciosos, esta é uma geração de compromissos mais tênues. Eles "ficam" mais do que namoram, mudam de marca mais facilmente, odeiam e amam uma mesma coisa em questão de dias. Caetano Veloso, nos anos 1960, já expressava essa semente da geração-borboleta (opa, criei mais um nome!), que pula de flor em flor.

3. Quanto custa?
Sem nenhuma culpa, esta geração ama o capitalismo e o usufrui com todo prazer. Adora ter um novo vídeo game, uma nova boneca, um notebook, um celular...

4. O mundo em 140 caracteres
Velocidade, *real time* e concisão são demandas indiscutíveis de nossos filhos. Tudo para eles tem de ser na hora. Esperar é um tédio!

5. Quantos amigos você tem?
Esta é uma geração que contabiliza amigos. Quantos amigos você tem no Facebook? Todo mundo é amigo de todo mundo e a conexão entre eles é enorme, mesmo que para nós aparente ser frágil e superficial. Apenas para nós...

6. Geração Windows

A vida deles é um eterno abrir janelas, todas ao mesmo tempo, sem fechar as anteriores. Assistem à TV, ouvem IPod, fazem lição e, se bobear, papeiam com amigos pelo MSN ou Facebook – tudo ao mesmo tempo, e conseguem cumprir suas tarefas assim!

7. E aí, tio, belê?

A diluição da hierarquia é absoluta. Esta geração extremamente informal se relaciona com pais, professores e amigos da mesma forma. Sem cerimônias, sem formalidades: todo mundo é "tiozinho", "cara", "mano" ou "profa".

8. Geração híper

Tudo na vida deles é intenso e híper: hiperconectados, hiperativos, hiperexpostos a tudo. Vivem hiperintensamente e adoram essa sensação.

9. Precocidade

Crianças de 2 anos mexem em celulares melhor que os pais, garotas de 10 anos vão a baladas, e adolescentes vivem como adultos. A precocidade está entre eles, para o bem e para o mal.

10. Curtir a vida

Acima de tudo, curtir! "Que venham o trabalho, a família, o filho. Mas não tirem minhas horas de diversão, pelo amor de Deus!" Isso é o que está na cabeça de nossos filhos, desde bem pequenos.

11. *Good enough*

Apesar de ter sonhos imensos, certamente esta é uma geração que não quer se dedicar apenas ao trabalho. Viverá muito mais no estilo *good enough*, ou, na versão em português, "assim já é suficiente". Sabem que querer mais pode significar abrir mão de curtir a vida. E isso está fora dos planos.

12. Meu mundo

O próprio quarto de crianças e jovens cria um universo particular dentro das casas de classe média. Por isso, é consequência natural que eles não façam malabarismos para agradar aos outros, pelo contrário. Em primeiro lugar, eles colocam seus gostos, suas preferências, o que desejam fazer. Ouvir o outro, dividir e ceder são exercícios complexos para esta geração.

Quer gostemos ou não desses pontos, nossos filhos carregam um pouco de cada uma dessas características, uns mais e outros menos. Alguns poderão desenvolvê-las quando crescerem mais, outros já passaram por essa fase. Às vezes os pais são críticos em relação aos filhos, frequentemente comparando esta geração com a própria. É impossível não comparar. No entanto, não vejo de forma tão crítica esse conjunto de características que identifico nos jovens. Elas formam um retrato do que eles são, refletem o comportamento e os valores da geração atual, que liderará o mundo em dez, quinze ou vinte anos.

Não percebo nossos filhos como melhores ou piores do que a nossa geração. São certamente diferentes e demandam de nós, como resposta, um padrão de ação distinto do adotado por nossos pais. Sendo assim, nossos filhos nos provocam a pensar sobre nossa própria vida e como a vida de pais e filhos se entrelaça. Com isso em mente, propus-me a fazer uma reflexão e sugerir algumas dicas que podem ser úteis para gerenciar melhor a relação com nossos filhos. Como os pais que trabalham fora podem agir e promover uma vida familiar melhor, gerar filhos que tenham uma "cabeça boa" e que consigam construir um futuro mais equilibrado.

Acho a tarefa de dar conselhos das mais ingratas, pois as variações de pais e de filhos são infinitas. Mesmo assim, sinto-me comprometida a emitir uma opinião para atender às muitas pessoas que me questionam sobre "o que fazer". Sem achar que minhas dicas são verdades absolutas, proponho-me a dividir essas ideias.

1. Eles não são tão frágeis!

Tendemos a achar que nossos filhos são muito mais frágeis do que realmente são. Acho mesmo que há certo exagero de nossa parte com alguns cuidados e preocupações. Eles "sobrevivem" bem, mesmo que os pais trabalhem fora! Não estamos fazendo um "mal" para eles, muito pelo contrário. Precisamos urgentemente botar isso na cabeça!

2. Eles se adaptam!

Darwin foi um gênio com sua teoria evolucionista: não só com as espécies animais, mas também com seres humanos. Nossos filhos se adaptam à vida que lhes é oferecida, desde que a necessária carga de atenção e cuidados seja ofertada. Vejo que filhos de mães que não trabalham se acostumam a tê-la sempre por perto e também se queixam se alguma mudança ocorre. O mesmo vale para aqueles cujos pais trabalham fora. Eles se acostumam e organizam-se a partir disso. Podemos, assim, seguir com nossos planos, desde que consigamos garantir uma base indispensável. Atenção: não estou dizendo que filhos se acostumam a pais relapsos, mas à situação profissional dos pais.

3. Não precisamos estar *online* 24 horas!

Dar atenção a nossos filhos não significa estar 100% disponíveis para eles, 24 horas por dia, sete dias por semana. Não precisamos ficar contabilizando as horas que passamos junto com eles. O que conta efetivamente é garantir que os pais saem para trabalhar e depois voltam. Precisamos transmitir a segurança do sair e retornar. Nossos filhos necessitam dessa certeza, muito mais do que ter os pais colados neles o dia todo.

4. Cada um é cada um!

Quem tem mais de um filho sabe que isso é uma grande verdade. Cada filho se comporta de um jeito e tem demandas específicas. Para um, a mãe trabalhar fora é encarado com naturalidade, ele leva sua rotina sem questionamentos e vive muito bem. Quando fica duas horas por dia com a mãe, sente-se totalmente abastecido. Para outro filho, são necessárias cinco horas diárias, e, mesmo assim, ele ainda sente que a mãe ficou "devendo" alguma coisa. Entender a necessidade de cada filho e tentar se adaptar a ela é fundamental. E, se isso não for possível, ajudá-lo a entender o porquê dessa situação.

5. Fale com eles!

Precisamos conversar com nossos filhos muito mais do que temos feito. Falar sobre o dia que passamos, a programação do fim de semana, sobre o filme na TV ou sobre o passarinho que canta na janela. Conte sobre o trabalho, as dificuldades, as coisas boas e sobre o que mais tiver vontade. Filhos e pais precisam desse momento olho no olho. Estamos muitas vezes nos esquecendo desse ritual básico em prol do cumprimento das agendas, das regras e do trabalho.

6. Não terceirize seu filho!

É claro que precisamos de apoios para que a vida de equilibrista aconteça. Deixar o filho pequeno com uma babá ou na escolinha é inevitável se quisermos trabalhar fora. Mas aproveite as horas de folga e usufrua-as com eles! Curta os fins de semana com a criança, dispense a babá. Já sei, vai me dizer que isso é cansativo... claro que é, mas, na minha opinião, não tem preço. Se podemos ficar cansados por conta do trabalho, porque não podemos nos cansar pelos filhos? Eu, particularmente, adoro esse cansaço!

7. Não escaparemos de críticas e cobranças

Qualquer que seja nossa opção, por trabalhar fora ou não, seremos cobrados! Se trabalhamos fora, os filhos se queixam de que "não paramos em casa". Se nos dedicarmos à família, eles acham que "pegamos muito no pé". Não tem saída. Vale fazer aquilo que acharmos melhor para nós e o que acreditarmos ser melhor para eles, independentemente das críticas. Elas virão de um jeito ou de outro.

8. Somos modelos

Mais do que qualquer coisa, a mãe que trabalha fora está construindo um modelo de mulher para seu filho, seja ele menino ou menina. A mesma coisa vale para a mãe que opta por não trabalhar fora. Assim como para os pais que ficam quinze horas por dia no escritório e veem os filhos apenas na sexta-feira à noite. Cabe a cada um de nós pensar no modelo que queremos passar para eles. A partir disso, é bem mais fácil decidir o que faremos em termos profissionais e também em outras tantas áreas da vida.

9. O trabalho do papai e da mamãe

Acho fundamental nossos filhos saberem quais as nossas atividades profissionais. Muitas crianças, e mesmo jovens, sabem pouco ou nada sobre o trabalho dos pais. Levar um dia o filho ao local de trabalho é bastante divertido, além de ser um momento importante de materialização dessa situação. "É aqui que a mamãe trabalha, nesta mesa, falo com você por este telefone..." E mais do que isso, mostrar que o trabalho é também uma fonte de prazer para nós, e não apenas um lugar para ganhar dinheiro.

10. Mamãe não é a supermãe

Certamente nossos filhos acham que sempre temos uma solução mágica ou uma varinha de condão para resolver todos os problemas deles. Tentar corresponder a essa expectativa é bastante estressante. Algumas vezes, dizer a eles "não dá" pode ser bastante instrutivo e uma forma de mostrar que a supermãe nem sempre está de plantão, feliz ou infelizmente.

11. Filhos têm pai e mãe

Não devemos nos esquecer de que pai e mãe, juntos, são os responsáveis por educar os filhos. Estar com as crianças, controlar as lições, levar ao pediatra, pagar as contas, tudo isso é coisa de pai e de mãe. Nossos filhos enxergam essa corresponsabilidade na educação e no sustento como um grande benefício para a vida deles. Sem falar no benefício para o próprio casal.

12. Estar junto de verdade!

Nem sempre quando estamos com nossos filhos estamos ali disponíveis para eles de fato. Muitas vezes eles disputam nossa atenção com IPhone, TV, internet, revista, amigos... Vale aqui mais esta dica: quando estivermos com os filhos, vamos nos patrulhar para manter 100% do nosso foco neles. Caso contrário, é uma pseudopresença, e estamos enganando a quem? Acho que a nós mesmos.

13. O jogo da compensação

Esse talvez seja o jogo mais perigoso e que ronda muitos lares hoje em dia. Pais mais ausentes "baixam a guarda" e flexibilizam as regras como forma de compensar algum "déficit" que possam ter com relação aos filhos. Assim, no caso dos adolescentes, horários de sair e chegar são ampliados, enchemos nossos filhos pequenos de brinquedos, relaxamos na cobrança de limites ou abrimos mão de um controle mais rígido com a alimentação. Tudo isso como forma de compensar a ausência ou até mesmo pelo cansaço de ficar insistindo nas regras. É um jogo arriscado e sem ganhadores. Vale toda a nossa atenção!

Reli dezenas de vezes essas 13 dicas e, a cada releitura, convencia-me ainda mais de que a tarefa de pais e mães no mundo em que vivemos é cada vez mais difícil. Estamos experimentando esse novo modelo de família, com o pai e a mãe fora de casa para trabalhar e dividindo as responsabilidades relacionadas à educação dos filhos. Certamente ainda vamos errar bastante para achar o ponto ideal. Tentar "gabaritar" nessas 13 ideias talvez seja uma missão impossível, mas acredito que devemos tê-las como metas. Colocá-las em letras garrafais pregadas na geladeira é um bom começo. Se pregamos na geladeira tantos bilhetes inúteis, valeria a pena ter também um ímã de geladeira com essas dicas, por que não?

Por fim, uma última reflexão que para mim foi uma grande descoberta e, ao mesmo tempo, causou-me certo alívio. Em minhas conversas com crianças de várias idades, percebi diferentes sentimentos relacionados aos pais equilibristas. Quando pequenos, prevalece o sentimento de **saudade**, pois faz falta ter a mãe (e o pai) por perto. Mesmo acostumados desde pequenos a ver os pais trabalhando em período integral, o desejo de proximidade é bastante forte e a saudade é latente.

À medida que vão crescendo, a partir dos 9 ou 10 anos, começa o período de **compreensão**: eles já sabem qual a atividade dos pais e também conseguem mensurar a importância e os benefícios que o trabalho dos adultos proporciona (boas escolas, cursos extras, passeios, férias). Só a partir da adolescência notei relatos que denotam a **admiração** e o **orgulho** que os filhos sentem dos pais. Ou seja, **existe uma evolução que começa na saudade, passa pela compreensão e termina no orgulho** — o que, convenhamos, não deixa de ser uma ótima notícia! Também notei que o orgulho é ainda maior quando os jovens dizem que existe harmonia familiar e equilíbrio entre vida profissional e dedicação aos filhos. Ou seja, eles estão confirmando que vale a pena ser equilibrista e até sofrer um pouco para dar conta das duas coisas (e isso hoje, mais do que nunca, vale tanto para os pais quanto para as mães). Talvez demore bastante para que eles percebam o quanto a atitude dos pais, o dia a dia da família e até a profissão de cada um representam uma influência sobre suas vidas. Mas, cedo ou tarde, esse caldo de vivências da infância virá à tona.

E termino também com uma forte convicção: nossos filhos serão bem melhores equilibristas do que nós. Já terão vivido, por meio das nossas experiências, as dores e as delícias da vida de equilibrista. E, com isso, certamente conseguirão apreender o que de bom fizemos, o que precisará ser revisto e o que merece ser descartado. O futuro de nossos filhos já começou e sem dúvida nossos aprendizes serão bem mais inspirados e equilibrados do que nós. Que eles sejam bem-vindos à tribo equilibrista!

APÊNDICE

Um pouco mais sobre a pesquisa

Certamente meu maior instrumento de trabalho ao longo deste livro foi a ampla pesquisa que realizei. Ir diretamente à "fonte" fez toda a diferença. Em todos os capítulos fiz várias referências a números, depoimentos e sentimentos levantados durante essa etapa de investigação. Aproximar-me das crianças e dos jovens foi fundamental para ter uma leitura mais realista do que passa na cabeça e no coração de nossos filhos. Ouvir cada um deles era um pouco como ouvir meus próprios filhos. A grande diferença é que eu não sou a mãe deles – o que tornava o diálogo mais franco e menos tendencioso.

Além de falar com crianças e jovens de 6 a 22 anos, também entrevistei profissionais que se relacionam diretamente com nossos filhos e que têm um olhar privilegiado sobre o tema. Foram deliciosas conversas que pude ter com psicopedagogas, psicólogas, pediatras e professores. A visão de todos esses profissionais é um termômetro importante desse quebra-cabeça. Afinal, alguns deles passam boa parte do dia frente a frente com nossos filhos. Agradeço imensamente a todos esses profissionais que dividiram comigo sua sabedoria.

Assim, aproveito este espaço final para detalhar um pouco mais o processo da pesquisa e trazer alguns números não revelados ao longo do livro. Mostrá-los no texto poderia ficar um pouco técnico demais – para aqueles que têm interesse, contudo, tais informações podem ser bastante reveladoras.

O processo da pesquisa

A pesquisa foi desenvolvida em dois momentos, com abordagens e públicos distintos. Inicialmente desenvolvi uma pesquisa qualitativa, cuja finalidade é a de explorar alguns temas de forma mais profunda. Essa etapa não fornece números, mas aponta ideias, tendências e hipóteses. Foram ouvidos nesse momento crianças e jovens de 6 a 17 anos, todos com mães que trabalham fora. Para ter algum elemento relacionado às crianças menores de 6 anos, optei por ouvir também mães profissionais com filhos entre 4 meses e 5 anos. Todos são de classe AB* e moram na cidade de São Paulo.

Para ouvi-los escolhi a técnica de discussões em grupo. Trata-se de reuniões com aproximadamente oito pessoas por encontro, no qual conversamos sobre a visão de cada um em relação à vivência de ter mães que trabalham fora. Esses encontros duraram aproximadamente duas horas e foram todos moderados por mim. Não abro mão de poder estar frente a frente com os pesquisados. É uma grande fonte de aprendizado e inspiração.

Formei seis grupos com meninos e meninas, todos organizados a partir de perfis homogêneos, distribuídos da seguinte forma:

- 1 grupo com crianças de 6 a 8 anos
- 1 grupo com crianças de 9 a 12 anos
- 1 grupo com adolescentes de 13 a 14 anos
- 1 grupo com adolescentes de 15 a 17 anos
- 1 grupo de mães com filhos de 4 meses a 2 anos
- 1 grupo de mães com filhos de 3 a 5 anos

Também conversei longamente com sete profissionais. Procurei saber qual era a visão deles em relação ao impacto da vida de equilibrista sobre nossos filhos. Como eles reagem no dia a dia? Eles se saem bem? Foi maravilhoso ouvi-los! Divido com vocês uma miniapresentação de cada um desses inspirados profissionais que dedicam suas vidas, com muito amor e responsabilidade, aos nossos filhos. É como diz o ditado: "Quem meu filho beija, minha boca adoça".

- Isabel da Silva Kahn Marin – Psicóloga, psicanalista, doutora em psicologia clínica pela PUC-SP. Também é professora e supervisora da Faculdade de Psicologia da PUC-SP. Autora dos livros Febem, família e identidade (1999) e Violências (2002) (São Paulo: Escuta).
- Maria Beatriz Savoldi – Pedagoga e bibliotecária pela Universidade de São Paulo – USP. Professora de leituras no Colégio Santa Cruz, São Paulo. Co-autora do livro Brincando de ler histórias (Editora Tamisa, 2001).
- Dr. Claudio A. Len – Médico pediatra pela Santa Casa de São Paulo. É professor adjunto do Departamento de Pediatria da Escola Paulista da Unifesp e médico do corpo clínico do Hospital Albert Einstein. Divide o seu tempo entre atividades acadêmicas na faculdade e atenção aos pacientes da sua

---

* Segundo critério de classificação econômica Brasil.

clínica privada (www.clinicalen.com.br). É presidente da Acredite – Amigos da Criança com Reumatismo, ONG na capital que atua na defesa de crianças e adolescentes com doenças reumáticas (www.acredite.org.br).

- Maria Irene Maluf – Especialista em Psicopedagogia e em Educação Especial. Editora da revista Psicopedagogia da ABPp. Professora convidada do Instituto Sedes Sapientiae e Coordenadora/SP do Curso de Especialização em Neuroaprendizagem do Instituto Saber/FACEPD.
- Ana Paula Dini – Educadora, graduada em Letras e Pedagogia, especialista em Educação Infantil e mestranda pela Universidade de São Paulo – USP. Tem 19 anos de experiência prática na área educacional, atuando como professora e coordenadora. É criadora do projeto "Meu Filho e Eu, Eu e Meu Filho", que tem como objetivo trabalhar a comunicação entre pais e filhos, tendo como base o uso de uma linguagem assertiva e promotora da autoestima infantil.
- Marina Muniz Nunes – Orientadora do 3º ano do Ensino Médio do Colégio Santa Cruz, São Paulo. Pesquisadora do Departamento de Pesquisas Educacionais da Fundação Carlos Chagas.
- Rose Baxmann – Pedagoga. Começou sua vida profissional na Escola Pueri Domus aos 21 anos como professora de Maternal 1, ao 5º ano do Fundamental 1. Posteriormente foi Coordenadora do Fundamental 1 e, atualmente, é Coordenadora do Fundamental 2, na unidade Aldeia da Serra.

Munida de muitas hipóteses e mais um manancial de dúvidas, desenvolvi um questionário a fim de validá-las, descartá-las ou mensurá-las. Iniciei assim o segundo momento do estudo, conduzindo uma pesquisa quantitativa com 400 crianças e jovens de 6 a 22 anos, metade com mães profissionais e metade com mães que não trabalham fora. Todos de classe AB e moradoras de São Paulo. E, embora a pesquisa tenha sido feita apenas em São Paulo, tenho fortes convicções de que o sentimento dos filhos paulistanos é bem parecido com o dos cariocas, mineiros, gaúchos etc. – pelo menos no que tange à vivência de ter mães equilibristas.

A amostra, combinando equilibradamente meninos e meninas, foi assim constituída:

	Pai e Mãe trabalham fora	Só o Pai trabalha fora
6 a 8 anos	50 entrevistas	50 entrevistas
9 a 12 anos	50 entrevistas	50 entrevistas
13 a 17 anos	50 entrevistas	50 entrevistas
18 a 22 anos	50 entrevistas	50 entrevistas

Além de muitos números e depoimentos já expostos ao longo dos capítulos deste livro, a seguir divido com vocês o resultado da etapa quantitativa.

Quando fazemos uma pesquisa, definimos previamente algumas características, que são os "filtros". Nesse caso, selecionei a amostra a partir das variáveis idade, sexo, ocupação dos pais e cidade. As 400 entrevistas encaixavam-se nesse perfil geral. Os primeiros dados levantados via pesquisa mostram mais detalhadamente quem são os pais desses jovens:

- 73% têm pais casados.
- 80% das mães que trabalham, o fazem em período integral. Os 20% restantes trabalham em regime parcial.
- 61% das mães que trabalham são assalariadas, e 39% são autônomas ou empresárias.
- 97% dos pais trabalham – destes, 95% trabalham em período integral.
- 57% dos pais são assalariados, e 43% são empresários ou autônomos.

Fazem atividades extracurriculares? (%)

	%	Mãe trabalha	Mãe não trabalha
Sim	62	63	61
Não	38	37	39

Filhos de mães que trabalham fazem mais atividades do que os de mães exclusivamente donas de casa (63% x 61%). Mas é uma diferença pequena. Parece que fazer atividades fora de casa relaciona-se mais à condição social (ser de classe AB) do que a ter ou não a mãe por perto.

10 atividades que mais combinam com a mãe (%)

	Total	Mãe trabalha	Mãe não trabalha	Meninas	Meninos
Arrumar a casa	51	41	59	45	56
Cuidar dos filhos	39	33	46	45	33
Cozinhar para a família	35	28	43	35	36
Ir ao supermercado	23	21	25	21	25
Dar carinho para a família	22	19	25	23	21
Brincar com os filhos	21	19	21	19	21
Trabalhar fora	17	31	3	15	19
Ir ao shopping	18	20	16	19	17
Trabalhar em casa	18	13	23	22	15
Pagar as contas	13	20	7	15	13

De acordo com os resultados da pesquisa, as três atividades que mais combinam com a mãe são relacionadas ao mundo da casa e da família: arrumar a casa, cuidar dos filhos e cozinhar. A associação dessas atividades entre os filhos de mães que trabalham fora, no entanto, é sempre mais baixa em comparação aos filhos de donas de casa – ainda assim, foram escolhas bastante expressivas.

Trabalhar fora recebe 31% das associações dos filhos de mães profissionais. Para eles, essa é a terceira atividade mais relacionada às mães, atrás de arrumar a casa e cuidar dos filhos. E, claro, mães que trabalham fora pagam mais contas; 20% contra 7% das donas de casa. Ou seja, o dinheiro que elas recebem é para pagar contas!

Não há nenhuma atividade de lazer entre as dez primeiras atividades associadas às mães, exceto brincar com os filhos.

10 atividades que mais combinam com o pai (%)

	Total	Mãe trabalha	Mãe não trabalha	Meninas	Meninos
Pagar as contas	44	39	49	42	46
Sustentar a família	42	35	49	40	43
Trabalhar fora	40	37	43	37	43
Brincar com os filhos	23	27	19	25	21
Ficar no sofá	17	21	13	21	13
Dar carinho para a família	18	15	21	21	15

	Total	Mãe trabalha	Mãe não trabalha	Meninas	Meninos
Ir ao supermercado	15	14	17	17	14
Fazer esportes, atividade física	14	17	11	10	18
Cuidar dos filhos	13	14	13	13	13
Divertir-se	13	13	12	11	14

Mais um dado que mostra que os filhos veem o pai como o provedor. As três primeiras atividades associadas a ele são: pagar as contas, sustentar a família e trabalhar fora – ou seja, três funções que se inter-relacionam.

Brincar com os filhos aparece em quarto lugar. Na visão dos filhos aparece essa faceta dos pais mais abertos à descontração e à curtição com os filhos.

E ele ainda tem espaço para ficar no sofá! Essa atividade é associada pelos filhos 17% das vezes. Comparando com a mãe, a mesma atividade é relacionada a ela apenas 7% das vezes. Mãe não tem tempo para o descanso da guerreira – pelo menos é assim que os filhos a veem. Ela está sempre atarefada fazendo alguma coisa.

O pai também tem tempo para praticar esportes e divertir-se, com índice de 14% e 13%, respectivamente. A mãe recebe, para as mesmas atividades, 5% e 7%.

Se eu pudesse mudar alguma coisa na minha mãe... (%)

	Total	Mãe Trabalha	Mãe Não trabalha	Meninas	Meninos	6 a 8 anos	9 a 12 anos	13 a 17 anos	18 a 22 anos
Ganhasse mais dinheiro	41	38	43	39	42	40	44	43	35
Trabalhasse menos	39	47	30	35	43	30	41	42	41
Fosse menos brava	31	23	38	27	33	29	33	30	30
Tivesse mais horas de folga	27	33	19	25	27	16	23	30	37
Ficasse mais tempo comigo	26	33	19	29	24	32	26	19	28
Me desse mais atenção	15	13	16	16	13	25	11	14	9

	Total	Mãe trabalha	Mãe não trabalha	Meninas	Meninos	6 a 8 anos	9 a 12 anos	13 a 17 anos	18 a 22 anos
Fosse mais minha amiga	14	9	20	17	12	18	13	14	12
Trabalhasse mais	9	4	13	13	5	10	9	8	8

Parece até meio contraditório, mas é isso mesmo que os filhos querem: que a mãe ganhe mais dinheiro, provavelmente para obterem mais coisas materiais (isso ficou bem claro nos grupos), e que ela trabalhe menos. Obviamente, os que desejam que a mãe trabalhe menos são aqueles cuja mãe trabalha fora. Esses também gostariam que a mãe tivesse mais hora de folga, talvez para dedicar mais tempo aos filhos.

É interessante notar que os que mais pedem menos trabalho e mais tempo livre para a mãe são os filhos mais velhos. Essa demanda vai crescendo com a idade, provavelmente como fruto de uma consciência maior do esforço da mãe. Como contraponto, os que demandam mais atenção são os mais novinhos, de 6 a 8 anos.

Gosto que minha mãe não trabalhe fora? (%)

	Não trabalha	Meninas	Meninos	6 a 8 anos	9 a 12 anos	13 a 17 anos	18 a 22 anos
Sim	68	65	72	80	65	66	62
Não	32	35	28	20	35	34	38

Gosto que minha mãe trabalhe fora? (%)

	Trabalha	Meninas	Meninos	6 a 8 anos	9 a 12 anos	13 a 17 anos	18 a 22 anos
Sim	66	69	63	49	59	74	82
Não	34	31	37	51	41	26	18

O que me chama a atenção, nos dois quadros acima, é o fato de as crianças se adaptarem àquilo que elas vivenciam. Ou seja, quase na mesma intensidade os filhos estão satisfeitos com a opção da mãe de não trabalhar ou de trabalhar fora. Talvez seja mesmo uma questão de costume, de adaptação à situação, seja ela qual for.

Quando minha mãe trabalha fora, eu fico...

	%	Meninas	Meninos	6 a 8 anos	9 a 12 anos	13 a 17 anos	18 a 22 anos
Sozinho/a	29	31	28	2	14	48	54
Com avós ou tios	29	25	32	57	35	20	2
Com irmãos	27	27	26	14	29	26	36
Com empregada ou babá	9	11	8	12	14	6	6
Com meu pai	5	5	5	10	8		2
Na escola	1	1	1	4,1			

Conhecimento sobre o trabalho dos pais

Sobre a mãe	%	Meninas	Meninos	6 a 8 anos	9 a 12 anos	13 a 17 anos	18 a 22 anos
Sabe explicar direitinho o que ela faz	69	77	62	35	69	88	86
Sabe o que ela faz, mas não sabe explicar direito	23	19	28	49	25	12	8
Não sabe o que ela faz	7	4	10	16	6		6

Sobre o pai	%	Meninas	Meninos	6 a 8 anos	9 a 12 anos	13 a 17 anos	18 a 22 anos
Sabe explicar direitinho o que ele faz	58	66	51	25	56	68	8
Sabe o ele faz, mas não sabe explicar direito	31	31	32	50	35	29	10
Não sabe o que ele faz	11	3	18	25	8	2	6

Muitos filhos não sabem qual é exatamente o trabalho dos pais. Curiosamente, as meninas sabem mais do que os meninos; mas, mesmo entre os mais velhos (de 18 a 22 anos), há 11% que não sabem o que mãe faz. E o que chama a atenção é que nossos filhos sabem mais sobre o trabalho da mãe do que sobre o do pai. Provavelmente as mães justifiquem mais sua "ausência" e por isso deem mais detalhes sobre o que as leva a estar fora de casa. Pode ainda existir o estilo do pai mais fechado, que divide pouco com a família os assuntos profissionais.

Motivos pelos quais os pais trabalham

Mãe trabalha	%	Meninas	Meninos	6 a 8 anos	9 a 12 anos	13 a 17 anos	18 a 22 anos
Para ganhar dinheiro	54	60	48	53	55	58	50
Para dar uma vida melhor para a família	47	48	45	31	43	56	56
Para comprar coisas para os filhos	43	38	49	53	43	46	32
Porque ela gosta	19	22	16	16	22	10	28

continua

continuação

Mãe trabalha	%	Meninas	Meninos	6 a 8 anos	9 a 12 anos	13 a 17 anos	18 a 22 anos
Para ajudar o pai	11	10	12	18	12	8	6
Para ser feliz	10	6	14	10	14	8	8
Para ser uma pessoa importante	9	7	10	14	6	6	8
Para não ficar em casa sem fazer nada	7	9	6	4	6	8	12

Pai trabalha	%	Meninas	Meninos	6 a 8 anos	9 a 12 anos	13 a 17 anos	18 a 22 anos
Para ganhar dinheiro	73	76	71	90	71	71	62
Para dar uma vida melhor para a família	51	49	52	37	56	52	56
Para comprar coisas para os filhos	22	24	19	2	29	18	12
Porque ele gosta	21	21	20	6	13	34	30
Para não ficar em casa sem fazer nada	12	11	13	15	10	7	14
Para ser uma pessoa importante	12	9	14	17	8	7	14
Para ser feliz	6	3	8	8	6	7	2
Para ajudar a mãe	5	5	4		6	2	10

Ganhar dinheiro, comprar coisas e beneficiar os filhos. Certamente há uma visão bastante prática de nossos filhos em relação ao nosso trabalho: garantir o sustento da família. Mas creio que eles vão além disso. O trabalho dos pais também é a garantia dos prazeres da família em termos de consumo: a possibilidade de um novo videogame, de uma viagem nas férias ou de uma roupa nova. Gostar do trabalho ou trabalhar para ser feliz não aparecem entre as três primeiras posições. Os números deixam um recado bem claro aos pais: ou de fato eles trabalham apenas para pagar contas e sustentar a família ou falta a história ser contada de forma mais plena. Isso vale para pais e para mães, na mesma intensidade.

Atitudes diante do trabalho da mãe, numa escala de 1 a 5

	Média total	Meninas	Meninos	12 a 17 anos	18 a 22 anos
Já me acostumei que minha mãe trabalhe fora e não sinto falta	4	3,7	4,4	4	4,2
Eu queria que minha mãe ficasse mais tempo comigo	3,6	3,7	3,5	3,7	3,5
Eu gosto que minha mãe trabalhe para ela não ficar no meu pé	3,3	3,3	3,3	3,2	3,4
Acho natural minha mãe trabalhar fora	4,6	4,7	4,5	4,7	4,5
É bom minha mãe trabalhar fora porque ela me dá mais coisas	3,8	3,9	3,7	4	3,5
Eu acho que minha mãe se sente culpada por trabalhar fora	1,6	1,5	1,6	1,4	1,8

É curioso que, quase na mesma medida, nossos filhos se acostumam a ter mães que trabalham fora e, ao mesmo tempo, gostariam que ela ficasse mais tempo com eles. Mas o que é uma ótima constatação é a naturalidade com que eles veem o trabalho da mãe. "Acho natural minha mãe trabalhar fora" é a afirmação com a qual eles mais concordam.

Também chama a atenção, confirmando o que já foi visto, o fato de que é bom a mãe trabalhar "porque ela me dá mais coisas". Ou seja, vale a pena ter a mãe longe em troca desse benefício bem prático.

Quanto ao futuro de nossos filhos...

Vou trabalhar fora quando adulto?

	Total	Trabalha	Não trabalha	Meninas	Meninos	6 a 8 anos	9 a 12 anos	13 a 17 anos	18 a 22 anos
Sim	97	97	96	96,5	97	98	93	99	96
Não	2	2	1	1	2	1	1	1	4
Não sabe	2	1	3	3	1	1	6		

Já o meu marido ou esposa...

	Total	Trabalha	Não trabalha	Meninas	Meninos	13 a 17 anos	18 a 22 anos
Sim	91	93	88	100	80	93	88
Não	9	7	12		20	7	12

É claro: todos vão trabalhar. Não existe a hipótese de ser "apenas" dona de casa, nem mesmo para as meninas. A concordância é alta entre todos os perfis, mesmo entre filhos de mães que não trabalham. Ou seja, essa será uma geração de equilibristas, sem dúvida alguma. Mas fica claro também que eles querem ter mais tempo para si, não só obrigações como veem seus pais hoje.

Mas é curioso quando eles falam se o parceiro vai trabalhar. As meninas, todas, dizem que os maridos vão. Entre os meninos, porém, há 20% deles que veem suas esposas como donas de casa! Ou seja, é muito provável que haverá um descompasso entre o que eles querem e o que elas querem. Parece que as meninas estão mais "evoluídas" e determinadas do que eles.

Além disso, quando pensam se o parceiro vai trabalhar, quem tem mãe dona de casa é quem mais vê seu parceiro também não trabalhando. De alguma forma, nesse caso, repetem o modelo que têm em casa.

E como será o jeito deles trabalharem, comparativamente aos pais?

	Total	Trabalha	Não trabalha	Meninas	Meninos	13 a 17 anos	18 a 22 anos
Quero trabalhar tanto quanto os meus pais trabalham hoje	39	43	36	37	42	50	29
Quero trabalhar menos do que os meus pais trabalham hoje	36	35	37	39	32	27	45
Quero trabalhar mais do que os meus pais trabalham hoje	25	22	27	23	26	23	26

Ainda não há muita clareza sobre como será a vida profissional deles. Mas há fortes indícios de que querem trabalhar menos que seus pais. Quando olhamos os jovens de 18 a 22 anos, que já estão mais próximos dessa realidade, quase a metade deles concorda em trabalhar menos. Aqui, sim, vale checar todos os estudos relacionados à geração Y, o que eles buscam no mundo profissional. Acredito que sim, eles querem trabalhar, mas com outras bases.

Afinal, como eles classificam a própria felicidade numa escala de 0 a 10?

Trabalha	Não trabalha	Meninas	Meninos	13 a 17 anos	18 a 22 anos
200	100	100	104	96	100	100
8,45	8,5	8,4	8,5	8,4	8,6	8,3

Todos estão felizes na mesma intensidade, com mães que trabalham ou não.

Ufa! A felicidade dos filhos não está diretamente relacionada ao fato de a mãe estar em casa ou não – isso coincide com o que falaram os profissionais que consultamos. Os resultados são muito similares entre todos os perfis. Sim, nossos filhos são felizes! Todos!

Contato com a autora:
ctroiano@editoraevora.com.br

Este livro foi impresso em papel Couche Premium 90 g pela gráfica RR Donnelley.